DIANLI

# 电力企业6S管理

QIYE GUANLI

北京中电力企业管理咨询有限责任公司 组编

## 内容提要

本书从现代电力企业精细化管理的实际要求出发，从理论和实践层面比较系统、全面地介绍了现场6S管理方法和基本概念、基本原理、开展6S活动的方法及实施步骤等诸多方面内容。该书文图并茂，理论联系实际，有较强的操作性、实用性。

本书适合电力企业管理工作者和从事企业管理咨询的工作者阅读和参考。

**图书在版编目（CIP）数据**

电力企业6S管理/北京中电力企业管理咨询有限责任公司组编.—北京：中国电力出版社，2008.3（2015.7重印）

ISBN 978-7-5083-6484-1

Ⅰ. 电… Ⅱ.北… Ⅲ.电力工业-工业企业管理：生产管理 Ⅳ.F407.616.2

中国版本图书馆CIP数据核字（2007）第201109号

中国电力出版社出版、发行

（北京市东城区北京站西街19号 100005 http://www.cepp.com.cn）

航远印刷有限公司印刷

各地新华书店经售

*

2008年3月第一版 2015年7月北京第八次印刷

720毫米×965毫米 16开本 10.25印张 200千字

印数16001—18000册 定价**19.00**元

# 编　委　会

# 序

电力企业精细化管理——《电力企业6S管理》一书，是作者多年来对数十家企业管理咨询实践的经验总结，也是作者奉献给电力企业管理工作者和从事企业管理咨询工作人员共享的咨询成果。

该书从现代电力企业精细化管理的实际要求出发，从理论和实践层面比较系统、全面地介绍了现场6S管理的基本概念、基本原理、开展6S活动的方法及实施步骤等诸多方面内容。该书图文并茂，理论联系实际，有较强的操作性、实用性。

为提高我国电力企业的管理水平，很多电力企业都在开展精细化管理，重视现场6S管理，虽然都有一定基础和功底，但在推广国外先进管理技术方面应如何尽快实现与国际惯例接轨，在更新观念、提高素质、追求卓越、提升绩效等方面，尚有诸多的工作要做，需要管理者不断创新，相信该书可提供一些有益的启示。我真诚地希望工作在一线的广大电力企业管理者和管理咨询顾问，都能从这本书中汲取营养，为进一步提高电力企业的管理水平再立新功。

虞旭清

2008年1月

# 前　言

在当今国际竞争日益加剧的市场中，企业要称霸市场靠的是加强内部管理，具备科学、先进的管理方法才能赢得市场的霸主地位。

日本企业为了提高自身国际地位及市场的竞争力，在企业管理方面，创造了五花八门的管理办法，6S管理就是其中的一种。它最早是从日本丰田汽车公司的管理实践中总结出来的，日本企业从事管理工作的第一步就是开展5S管理。后来根据企业需要，发展成6S、7S、8S以及许多S的管理方法。

日本工厂以其干净、整齐而闻名于世。日本的任何工厂改善管理的第一步，就是从开展6S管理开始的。如果6S做不好，开展任何改革都是空话。

6S管理是日本企业开展精益生产、提高品质管理的有力工具和方法，已在日本企业界广泛流行。从事过6S工作的人，认为其有助于改善现场物质环境，同时有助于改善人们的思维过程。很明显，6S管理法在各个方面都可发挥其作用，甚至流行到家庭。日常的许多问题都可以通过6S管理法来解决。目前，在美国、马来西亚，中国台湾、香港、大陆等一些企事业、服务行业，如快餐馆、超级市场、商店和图书馆等行业也流行6S管理法。

国内外开展6S管理的企业做法不一。有些企业单纯地把从日本学到的6S管理法理解为搞精神文明建设，通过行政手段去搞奖罚措施，或者以单纯地打扫“卫生”、整理“环境”为主，只流行于形式。没有从根本上改变企业的脏、乱、差面貌，也没有解决产品的质量问题，使得顾客不满意。

6S管理方法是从六个词句定义，即：整理、整顿、清扫、清洁、素养、安全。从现场环境卫生的外在问题，引申到与产品质量 、经营、安全、绩效所涉及全过程管理的内在问题。

美国曾做过一个调查，发现在失败的企业中，91%的企业是因管理不善而导致的，从而得出了“三七”论，一个企业的好与坏或经营成败，三分在技术，七分在管理，后来日本也得出了同样的结论。

6S管理方法也适合国内外在推行ISO 9001、ISO 14000、OHSAS 18000等管理体系要求。我国电力行业正在推行的《SHEQ管理体系》、《NOSA安健环五星系统管理体系》、《创一流同业对标活动》。国际汽车行业推行ISO/TS

16949：2002汽车技术规范，医药、饮食业推行《GMP体系》，他们都包含了现场6S管理方法的要求。除此之外，国外许多客商都要求供应商推行现场6S管理方法，作为签订合同的首要条件。这种方式也得到国内一些企业的认可。

本书是作者对企业管理咨询工作中实践和认识的总结，是为配合电力企业开展“精细化管理”的战略思想而出版。推行6S，难就难在人们的习惯根深蒂固，难以改变。因此，我们强调要解放思想，扩展视野，坚持到底，不能虎头蛇尾。推行6S管理，要有组织、有计划、有检查、有总结、有改善、有提高。他山之石就是我们成功的借鉴！

《电力企业6S管理》这本书，集中了北京中电力企业管理咨询有限责任公司咨询服务的青海省西宁供电公司、海东供电公司、山东省滨州供电公司、江苏省扬中供电公司、山西省阳泉供电公司、甘肃兰州靖远第二发电公司等单位的6S管理经验，选用了他们提供的宝贵资料，并得到上述企业的领导与管理部门的多方面支持，在此表示诚挚的感谢！

虽然，6S管理在我国的一些工矿企业已经比较普及，但电力企业涉及此项管理的仍然不多，而且管理方法也不统一，更重要的是没有建立一个完整的改善机制。有鉴于此，北京中电力企业管理咨询有限责任公司在总结上述各省市发电、供电企业实施6S管理的经验的基础上，编写了《电力企业6S管理规范（试行）》，作为电力企业推行6S管理的指导性文件，列为本书附录。不妥之处，请读者批评指正。

本书在编写中曾征求多位电力行业专家意见，经整理形成书稿。对北京中电力企业管理咨询有限责任公司总经理、国际注册管理咨询师虞旭清为本书作序，教授级高级工程师光耀华、教授级高级经济师杨德生对全书认真审稿、修改，左素敏老师为本书校稿付出的辛勤劳动，表示诚挚的感谢！

田广春

2007年11月于北京

CONTENTS 目录

CONTENTS 目录

6S
目录
CONTENTS

CONTENTS
目录

# 第一章
# 6S管理方法概论

## 第一节 6S管理方法基础知识

### 一、什么是6S

6S就是在 “整理”、“整顿”、“清扫”、“清洁”、“素养”五个S基础上，加上“安全”S。这六个词的日文的罗马文发音第一个字母都是S，所以称之为“6S”。6S的含义见表1–1。

表1–1 6S含义

| 中文 | 日文（罗马文） | 英文 | 含义 |
|---|---|---|---|
| 整理 | Seiri | Organization | 清理、清除、清爽 |
| 整顿 | Setton | Neatness | 定品、定位、定量 |
| 清扫 | Seiso | Cleaning | 扫漏、扫黑、扫怪 |
| 清洁 | Seiketsu | Standardisation | 维持、保持、坚持 |
| 素养 | Shitsuke | Discipline and Training | 守纪律、守时间、守标准 |
| 安全 | Safe | Safety | 预防、预控、自我保护 |

提示：

- 6S的主要功能在于提升人们的精神品质，改变人们头脑中旧的不愿接受新事物的习惯思维和传统行为方式。
- 6S着眼于企业现场物质环境的改善，从而达到过程增值来满足客户要求和企业自身的经营目的。

## 二、6S的产生背景和发展趋势

说起6S，就得从5S谈起。5S管理方法起源于日本，它在日本民间流传了200多年，江户时代的日本商人已开始习惯丢弃不想要的东西，以“空”为“静”，以变为新，以新为生存，养成良好的经商理念，因此，整理、整顿是5S启蒙的理念。

日本战后，曾经历过产品粗制乱造、质量低劣的低潮。在20世纪50年代，他们就是以传统的管理方法推行“整理”、“整顿”的2S管理理念，目的是控制产品品质。

日本企业界经过艰苦探索，在前2S基础上摸索出发展“清扫”、“清洁”、“素养”的后3S管理理念来维持精良品质和环境。从改善现场管理、加强产品质量控制开始，进而提升人的品质，实现品质的精益求精。

日本丰田汽车公司在其长期生产经营管理实践中，在传统5S管理基础上不断完善。他们认为，生产安全始于整理、整顿，如果没有一个良好的、安全的工作空间，就无法维持正常生产秩序，故加上了“安全”这个S，成为“6S”。后来，又创造出来一系列先进的现场管理方法。如JIT准时化生产，被美国企业称为精益生产管理模式，它使丰田汽车在20世纪70年代一举打破了美国垄断世界轿车市场的霸主地位。丰田不断努力给员工们灌输责任感和纪律性，创造出良好的精益生产现场管理水平，在1986年就有了《现场6S管理方法》著作的产生与问世，号称拥有“世界第一现场管理模式”，在日本众多的企业里掀起学习现场6S管理方法的热潮。

## 三、现场6S管理是精细化管理的基础

随着世界各国经济贸易的发展，顾客对产品品质、包装、交货期的要求越来越高，而企业本身要追求利润最大化，这就产生了精细化管理的需求。精细化管理是一种精益求精的管理方法，即工作由粗到细、由细到精、由精到优、由优到领先，坚持不懈地追求精益求精，持续不断地寻求优化的方法，例如，海尔的“日事日毕，日清日高”，麦当劳的标准化经营方式，丰田的精益生产，摩托罗拉的6σ管理等，都是精益化管理的成功实践。只有对工作现场常整理、常整顿、常清扫、常清洁、常素养，并将其贯穿于整个生产经营管理活动中，才能为精细化管理打下基础。只有实施6S管理，创造令人心怡的现场工作环境，才能生产出精品，只有生产精品，提高服务水平，减少浪费，才能树立企业良好的形象，赢得顾

客的信赖，获得更多的合同。

## 四、现场6S管理是推进企业现代化管理的前提

现代化管理就是从品质Q（Quality）、成本C（Cost）、交付期D（Delivery）、服务S（Service）、技术T（Technology）、管理M（Management）六大要素抓起。

1. 品质Q

品质Q是指产品的性能价格比的高低，是产品固有的特性。好的产品是顾客最信赖的基础。6S能确保产品生产过程程序化、规范化、品质服务优良化。

2. 成本C

随着产品的成熟，成本趋向稳定。相同的产品品质，谁的成本越低，谁的产品竞争力就越强，谁就越有生存空间，就会成为市场的霸主，赢得众多顾客。通过6S管理可以减少生产过程各种浪费、随意性、不均衡性，从而达到成本的最优化。

3. 交付期D

企业为了适应顾客和社会需要，应根据市场及时调节生产计划，减少风险，实行订单驱动。准时化生产方式（JIT）具有弹性、机动灵活的优点。只有优化生产管理方式才能适应顾客的交付期需求，因为交付期能体现公司的适应能力高低。6S管理是一种行之有效的预防方法，能够及时发现过程异常，减少问题的发生，保证准时交付。

4. 服务S

为了减少顾客对产品品质的抱怨，与顾客经常沟通是获得企业绩效信息最佳的途径，也是赢得客源的重要手段。通过6S管理活动，可以提高员工的敬业精神、工作效率和品质意识的提高，使员工很乐意为顾客提供优质服务。同时6S管理还可以提高办公效率，减少不必要的无效的劳动，可以让客人感到工作快捷和方便，增强顾客的满意度。

5. 技术T

未来的市场竞争靠的是科技的竞争，谁掌握高新技术，谁就有竞争力。6S管理通过标准化来优化技术，积累技术，减少开发成本，加快开发速度。减少和预防设计开发中缺陷的发生，不断持续改进。

6. 管理M

管理是一个广义的范畴，它包含对人员的管理、设备管理、材料管理、方法

管理等四种。只有通过科学化、效能化的管理，才能达到人员、设备、材料、方法的最优化，取得综合利润的最大化。6S是综合管理最基本的要求。

综上所述，通过推进6S管理运动，可以有效达成Q、C、D、S、T、M六大要素的最佳状态，实现电力企业的经营方针和目标。所以说，6S管理是现代企业管理的基础。现代企业管理之屋如图1-1所示。

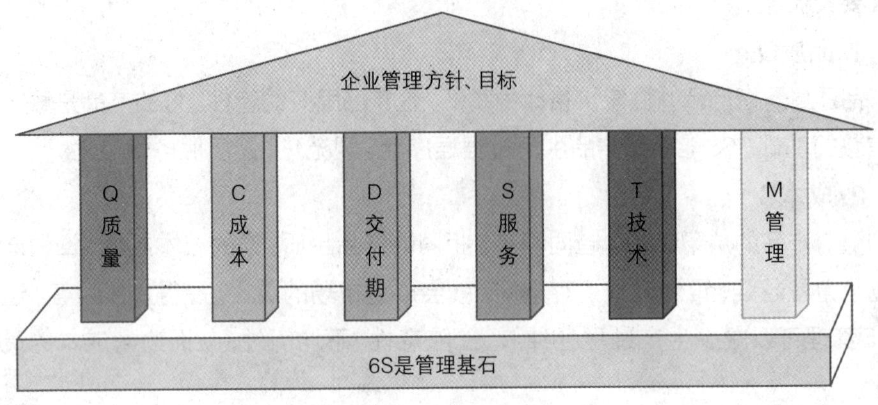


图1-1 现代企业管理之屋

# 第二节 6S管理与其他管理的关系

## 一、6S本身相互之间的关系

6S之间并不是各自孤立、互不相关的，他们之间是相辅相成、缺一不可的关系。“整理”是“整顿”的基础，“整顿”是“整理”的巩固，“清扫”显现“整理”、“整顿”的效果；而通过“清洁”和“素养”，则使企业呈现整体的改善氛围；“安全”提供了实现6S管理活动的条件，而只有实施了6S管理活动才能保障生产安全。所以，6S之间的关系紧密相连。可以引用下面这么几句口诀来表述：

只有整理没整顿，物品真难找得到；
只有整顿没整理，无法取舍乱糟糟；
整理整顿没清扫，物品使用不可靠；
3S之效果怎保证？清洁出来献一招；
标准作业练素养，安全生产最重要；
日积月累勤改善，公司管理水平高。

然而，6S管理活动的基础是前3S。首先搞好"整理"、"整顿"、"清扫"，在此基础上总结经验，树立牢固根基，才能实施后3S，这就是完整的品质管理。如图1–2所示。

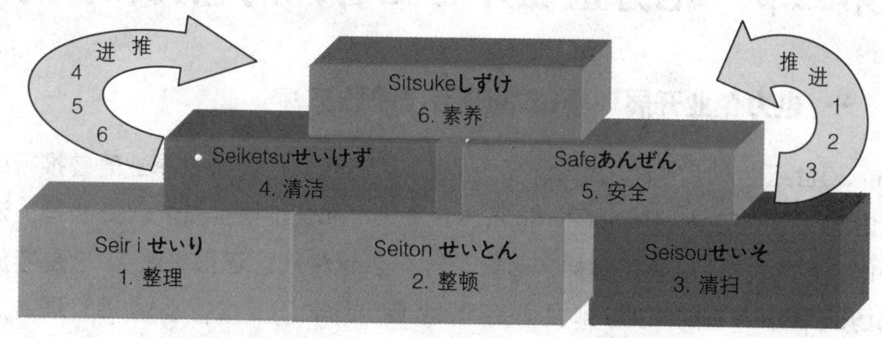


图1–2　6S相互关系图

## 二、6S管理与其他管理体系的关系

在开展6S管理时，有人问6S管理方法如此优越，那与其他管理方法如TQM(全面质量管理)、JIT、TPM（全员生产性维护）、ISO 9000、ISO 14000和OSHAS 18000又是什么关系呢？是否有矛盾？能不能同时进行？6S是现场精细化管理的基础，是TPM的前提，是TQM的第一步，也是ISO 9000、ISO 14000和OSHAS 18000管理体系所包含的内容。在ISO 9001的"6.4工作环境"中，要求"组织应确定并管理为实现产品符合性所需的工作环境"。这里的环境就是指工作现场、车间、仓库、办公室等应符合生产合格产品的要求，"要求"来自于顾客、法律法规和企业自身的方针目标，而6S管理则可提供实现这些要求的基本条件。所以，6S管理与其他管理体系之间相辅相成、相互促进，不存在矛盾。公司开展任何活动，如果6S管理已有一定的基础，其他各项管理工作就会收到事半功倍的效果。如果6S管理活动都推行不了，也无法推行其他管理方法。

所以，将6S管理活动作为实施公司精细化管理活动的基础方法，来导入企业管理中，对推进其他各项管理活动会起到很好的促进作用。

# 第三节 电力企业开展6S管理的意义和目的

## 一、电力企业开展现场6S管理活动的意义

20世纪七八十年代，我国许多企业和一些科研机构、公共事业等曾推行或效仿过6S管理方法，其效果不佳。不少企业领导和员工把实施现场6S管理方法当作“就是大扫除，搞搞精神文明罢了”，至今这种观念还很难改变，它是实施现场6S管理方法的阻力。那我们要问，企业为什么还要推行现场6S管理方法呢？从我们咨询诊断过的企业看有两种情况：一是企业在市场经济条件下，顾客有强烈的要求。当前，企业参与国内外市场，企业之间或集团经济贸易合作伙伴所履行的供应商的必要条件之一就有企业必须具备良好的品质管理。二是企业自身有提高管理水平和生存发展的需要。企业为了达到生产经营目标，要生存发展壮大，首要条件就是具备强烈的竞争力。企业核心的竞争力是什么呢？不仅仅是决策能力，也不仅仅是营销能力，而是执行力和执行度。没有执行力，一切都是空话。执行力的高低，取决于纪律性的高低。而6S是一种态度，为了形成有纪律的文化，必须表明的一种态度，这种态度就是执行度的问题。所以企业并不是为了6S而6S，而是为了形成有纪律的文化，从而提高竞争力。对于管理人员来说，6S是基本能力。现成的管理，说白了不外乎是人、机、料、法、环、测的5M1E管理，现场每天都在变化，异常每天都有发生。做好6S能够让现场井然有序，异常发生率降到最低，员工工作心情舒畅。所以，6S管理的好坏，是衡量干部管理能力高低的重要指标，6S做不好的干部，其他工作也做不好。

电力企业现场工作环境非常重要，如果现场工作岗位混乱，工具找不到，设备经常坏，故障率高，物料经常出问题，生产不顺畅，抱怨、投诉不断，在这种环境下，无论怎么忙都是瞎忙，事倍功半，没有效益。这种现场，员工呆着憋气，老总看到生气，客户和上级一旦光临，当然也失去下订单的勇气。所以6S是每天必需的工作，不是忙时忘记闲时做做，更不是额外地多此一举。

此外，实施ISO、TQM、JIT、TPM等管理活动是长期性的，不能马上看到效果。而6S管理活动能立竿见影，成效一看便知。如果在推行实施ISO、TQM、JIT、TPM 等活动过程中，导入6S管理，那么，可在短期内看到显著效果，领导和员工就会大大提高信心。

## 二、电力企业开展现场6S管理活动的目的

6S管理能够塑造公司一种“人人参与，事事遵守标准”的良好团队氛围。有了这种氛围，企业推行ISO、TQM、TPM及其他活动（如班组建设、职工之家、企业创一流、同业对标）就更能获得员工的支持和配合，这就有利于调动员工的积极性，形成强大的推动力。

另外，人才是公司的宝贵财富、发展基础。通过6S管理活动，培养了一批懂管理、有组织、有方法、有干劲的管理人才，这批人才为继续导入其他管理活动提供了信心和保证。

基于上述，6S管理活动的直接目的是：

（1）创造一个文明、有序的工作环境，整齐、清洁、舒适的工作现场，有利于提高工作效率；

（2）减少甚至杜绝不安全的危险隐患，保障员工健康安全；

（3）为产品生产规范化运作、精细管理创造了基本条件，提高企业经营管理和服务水平；

（4）培养员工团队精神，创造优秀企业文化；

（5）增强客户的信任度，提升企业竞争力，扩大市场份额，从而提高企业经济效益。

# 第二章
# 6S管理的主要内容

## 第一节　6S　释　义

“整理”就是明确区分作业现场需要的和不需要的东西，在生产作业现场不放置与生产无关的物品。

“整顿”就是作业现场所需物品始终处于需用状态，一旦要用，即时取出，用完后，立即放回原处。

“清扫”就是在整顿后全面打扫，使现场无垃圾、无灰尘。

“清洁”就是经常进行整理、整顿和清扫，始终保持清洁的状态，建立标准化管理制度。

“素养”就是正确执行现场的规定和规则，养成良好的工作习惯，始终如一地文明礼貌作业。

教育员工执行公司的规定和规则

⑤ “安全”就是强调安全防范意识，减少或杜绝人身伤亡和设备损坏事故发生，达到零事故安全管理控制。

人们在推行6S管理方法时，采用各种形式如漫画、快报、照片等进行宣传，总结出如下顺口溜：

整理：要与不要，一留一丢；
整顿：科学布局，取用快捷；
清扫：清除垃圾，美化环境；
清洁：形成制度，贯彻到底；
安全：安全第一，消灭隐患；
素养：遵章守法，养成习惯。

6S管理的核心问题是解决人的思想品质和作业现场物质环境的改善，从而达到控制产品实现过程中使产品质量稳定和提高，满足客户需求的目的。

人的思想品质，就是要革除马虎之心，养成凡事认真的良好心态。日本质量管理专家安岗正笃先生说：“心态变则意识变，意识变则行为变，行为变则性格变，性格变则命运变。”他认为，6S管理方法是通过推行整理、整顿、清扫来强化管理，再用清洁来巩固效果，利用这4S来规范员工的行为。通过规范行为来改变员工的工作态度，并养成习惯，以提高人的素养，塑造顶尖企业团队。

# 第二节　6S管理活动要点

6S管理活动的要点、目的及要求见表2–1。

表2–1　　6S管理活动的要点、目的及要求

| 名称 | 要　点 | 目　的 | 基本要求 |
| --- | --- | --- | --- |
| 整理 | 1）区分要与不要的物品；<br>2）杜绝发生源的对策；<br>3）层别的管理 | 1）作业现场没有无用品、多余物品；<br>2）尽可能减少半成品的库存数量；<br>3）减少架子、箱子、盒子等；<br>4）减少主变压器设施漏油，使其正常运行；<br>5）减少作业现场故障突发率；<br>6）减少寻找资料的时间 | 1）清除无用品，采取对发生源的对策；<br>2）明确基本原则，大胆果断清除无用品；<br>3）推进文件管理系统；<br>4）确保空间的有效的利用；<br>5）去掉不好管理的封闭箱、柜，达到透明化管理；<br>6）去除无效的工艺和材料的浪费 |
| 整顿 | 1）有序、有效、整齐、准确地保管好物品；<br>2）找东西和放回的时间为零 | 1）迅速、准确地找或取物品；<br>2）充分利用狭窄的空间；<br>3）在提高工作效率的同时，创造舒适、安全、宽松的工作环境 | 1）高效能的管理，合理的布局；<br>2）创建整洁、环境、优雅的工作场所；<br>3）创建高效能的（质量、效率、安全）物品存放管理方法；<br>4）创建现场定置管理方法 |
| 清扫 | 1）清扫、点检；<br>2）环境的净化 | 1）维护机械设备精度，减少故障率的发生；<br>2）创建清洁的工作现场；<br>3）形成能早期发现设备故障及环境不完善的监控管理机制 | 1）要求清洁化，实现无垃圾、无污垢、无污染、无危险源；<br>2）提高设备利用率，提高生产率，提高产品优良率；<br>3）强化对污染源、危险源的识别和处理对策 |
| 清洁 | 1）“一目了然”的管理；<br>2）标准化管理 | 1）在前三个S的基础上，创建规范化管理；<br>2）创造舒适工作环境；<br>3）以清扫来不断保障现场的安全与环境卫生； | 1）强化公用设施的维护和管理；<br>2）努力使现场异常现象得以监控和管制 |

续表

| 名称 | 要　点 | 目　的 | 基本要求 |
| --- | --- | --- | --- |
| 素养 | 1)培养良好的习惯；<br>2)创建有活力的工作环境 | 1)创建能使顾客信赖的关系；<br>2)创建公司的团队精神；<br>3)创建员工礼仪道德规范，遵守各项规章制度、法律法规；<br>4)减少无效工作，获得有效的增值 | 1)创造守纪律的良好的风气；<br>2)培养各种良好的礼仪道德，团结互助；<br>3)养成遵守公司各项规定及作业指导书习惯；<br>4)实现透明化管理 |
| 安全 | 1)准确地识别危险源或危险点及防护设施；<br>2)不伤害他人，安全事故为零；<br>3)不被他人伤害，安全事故为零；<br>4)遵守各项规章制度；<br>5)及时清扫设备设施，保证安全运行；<br>6)制订事故发生的应急预案；<br>7)对员工进行安全与救助知识培训 | 1)确保生产正常进行；<br>2)正确存放，合理布局，提供保证安全的有利条件；<br>3)在提高工作效率的同时，创造舒适、安全、宽松的工作环境；<br>4)保障员工的身体健康和生命安全；<br>5)区分安全职责，建立安全三级管理监督机制；<br>6)维护设备、工器具的安全和有效的使用；<br>7)坚决不使用不安全的设施、设备、工装具 | 1)创建高效能的三级安全管理责任监控网络，合理地布局安全生产设施；<br>2)创建整洁、环境、优雅的安全的工作场所；<br>3)创建现场和安全定置管理；<br>4)准备险情发生时的排除措施；<br>5)安全教育与救助的培训活动；<br>6)作业现场设立安全危险点及日检点的看板、监控板；<br>7)建立三级安全督导员体制 |

## 第三节　开展6S管理活动的作用

6S管理活动是一项从有形层面到无形层面的活动，使人员从规范行为到改变、提升思想意识，树立积极的工作态度，不断提高创新的工作能力。通过6S管理活动项目、内容、水平的不断拓展、深入和提升，企业从改善优化工作环境入手，进而渗透到各项企业管理活动中，真正实现标准化模式的良性运作，通过不断实施和改进，为企业造就优秀的人员和高效安全的发展环境，为实现企业系统而持续的管理及战略目标提供保证。

开展6S管理活动需要持之以恒和积累提升，其最终将获得能够使企业及员工协调高效的闭环管理模式。活动追求的基本目标是实现“零缺陷”，建立“八零企业”是活动迈出的重要一步。

## 一、亏损为零

- 设备设施正常使用，保养良好，杜绝不合格品发生；
- 避免购置不必要的机器、设备、桌椅、文具用品，减少开支；
- 员工质量意识强，提供质量保证，消除亏损。

## 二、不良为零

- 按标准要求生产产品； 检测仪器正确的使用和保养；
- 整洁有序的环境，如有异常一眼就可以发现；
- 养成良好的工作和操作习惯，遵守行为准则。

## 三、浪费为零

- 减少库存量，排除过剩物品，避免零件、半成品、成品在库积压过多；避免库房、货架、天棚过剩；
- 避免工具、台车、叉车、运输车、作业区等搬运过剩；
- 避免“寻找”、“等待”、“避让”等动作引起的浪费；消除“拿起”、“放下”、“清点”、“搬运”等无附加值的动作。

## 四、故障为零

- 现场无尘、无碎屑、无碎块和漏油，经常擦拭和保养，设备完好率高；
- 工装夹具管理良好，调试、寻找时间少，设备产能、人员效率稳定；
- 每日进行检点，防患于未然。

## 五、切换为零

- 多班组作业，流程顺畅；
- 减少交叉作业时间；
- 初学者一看就懂，快速上岗。

## 六、事故为零

- 整理、整顿，考虑了安全因素，危险源一目了然；
- 人车分流，检修道路通畅，“危险”、“注意”等警示明确；
- 员工正确使用保护器具，能预先发现存在的问题，从而消除安全隐患；
- 消防设施齐备，灭火器放置位置、逃生路线明确，万一发生火灾或地震时，员工生命安全有保障，自我防范意识提高。

## 七、投诉为零

- 投资者满意（Investor Satisfaction，IS），通过6S管理，使企业达到更高的生产及管理境界，投资者可以获得更大的利润和回报；
- 客户满意（Customer Satisfaction，CS），表现为高信誉、高质量、低成本、工期准、技术水平高、生产弹性大等特点；
- 员工满意（Employee Satisfaction，ES），经济效益好，员工生活富裕，人性化管理使每个员工可获得安全、尊重和成就感，更加热爱公司的团队精神；
- 社会满意（Society Satisfaction，SS），支持环境保护，热心公益事业，树立企业良好的社会形象。

## 八、缺勤率为零

- 工作现场整齐、洁净、无灰尘、无垃圾，让人们工作时感到心情愉快，不会厌烦；
- 人性化管理使员工工作情绪高涨，有安全感，不会无故缺勤旷工；
- 团队精神给员工带来“只要努力，齐心合力，什么事情都能做到”的信念。

# 第三章
# 实施现场6S管理点评

## 第一节　关于第1个S——“整理”

### 一、提示

电力企业现场整理的目的不只是我们平常所说的把东西整理好就行了，更重要的是进行物品归类，可按物品性质、用途进行分类，然后归并。通常分为“有用的”和“无用的”（或暂时无用的）两大类。这样，无用的物品就会一目了然了，很容易将不要的、多余的东西处理掉。

### 二、点评

以时间来判断重要性或必要性是整理的要点。可以针对作业现场，如办公室、工作间、发电、变电、配电、检修、维护、服务、物流仓储等作业现场，区分物品摆放位置和去留。

判断物品是否需要或重要，其标准是时间。某件物品放置在哪里才好，取决于其必要性，要对其进行认真的判断。

例如：工具对于生产现场是必要的，但也许现在还不需要，同样对材料和其他零件也应该以现在需要和以后需要加以区分。

整理可以从下列两处着手：

（1）怎样才能对电力作业现场的物品进行区分呢？可将物品大致分成平常使用和偶然使用的两种情况。具体区分范围如下：

- 区分需要的和不需要的物品；

- 区分重要的和不重要的物品；
- 区分经常使用的和不经常使用的物品；
- 区分价值贵的和价值不贵的物品；
- 区分设备类型和所属部门；
- 区分通用的物品和不通用的物品。

（2）判断物品是否重要或不重要的基准是时间。其区分范围如下：

- 三天中使用一次以上的物品放在使用点附近；
- 一星期内使用一次以上的物品放在工序点附近；
- 三个月中使用一次以上的物品放在车间附近；
- 不知道是否有用的物品另放一处并予以标识；
- 不用的物品马上处理掉。





## 第二节　关于第2个S——“整顿”

### 一、提示

整顿的目的是将作业现场需用物品放置在随手可取、存放方便的地方，同时要做好标识，让使用者一目了然。节省找东西的时间。要做到这一点，最重要的就是解决好物品放置的场所。

### 二、点评

电力企业需要整顿的现场有办公室、工作间、发电厂房、变电所、配电所、检修车间、试验室、服务大厅、仓库等作业场所。

整顿是为了减少作业时的无效劳动、无用的库存物资积压浪费，节约取放的时间，以达到提高工效的目的。在存取物品时，要考虑人们的习惯规律。

整顿时应考虑：

- 策划好将什么物品放置在什么位置？
- 明确什么物品在哪里以怎样的状态放置？
- 明确管理负责人是谁？

运用各种方法区分物品类别：

- 用颜色表示（类别、用途、部门、使用对象、规格等）；
- 用放置场所表示（场地、货架、区域、地段等）；
- 用施工对象表示（品种、工程、产品、设备等）。

## 第三节　关于第3个S—“清扫”

### 一、提示

现场存在不需要的东西和污垢是混乱及引发事故的根本原因。因此，清扫的目的就是使作业现场和设备处于无垃圾、无污垢的洁净状态，它的前提是已经进行了整理、整顿。

### 二、点评

清扫的要点是杜绝污染源。不论是办公室、工作间、发电、变电、配电、检修、维护、服务、物流仓储等作业现场都可能有污染源，污染源存在于设备设施及屋内屋外，如发电机、变压器、水泵、刀闸、开关等电器设备设施，经常有漏油、漏水、漏气现象，这些地方故障发生频率高，成为污染发生源，应彻底清除污垢，防止不安全隐患发生。为此，就要找出原因，制订检修作业流程，清扫污染所能影响的地方。清扫一般用手来进行，而杜绝污染源是用眼看、耳听，动脑筋，想办法，只有调动人体各器官功能，才能发现污染源，找到污染产生的源头，斩草除根。

## 第四节　关于第4个S——“清洁”

### 一、提示

清洁的目的就是维持现场工作环境始终处于洁净状态。而为了保持清洁，就要不断地进行整理、整顿和清扫，使现场任何时候都整齐干净、洁净明亮。员工在这样的环境下工作，心情就会舒畅，安全风险就会减少，就能提高工作效率，确保产品质量。

### 二、点评

清洁不同于清扫，清洁是在整理、整顿的基础上提高一步。清洁是要把所有的设备设施擦得亮亮的，只有清洁才能维持前3S活动结果并将其纳入标准化作业管理中，持之以恒。

不考虑清扫而要保持干净的做法是没有的，如果清扫地板上的顽固污垢，补刷墙壁上脱落的涂料，到处都擦得洁净明亮、物品摆放整齐、一目了然，就会改变现场的气氛，从而使员工的心情舒畅，这将对事业的成功起到关键的作用。

注意以下几点：

- 员工着装要朴实、整齐、干净；
- 每个人都要养成取用了物品就要放回原处的良好习惯；
- 制定整理、整顿、清扫、清洁的有关制度和规则。

要保持现场清洁，除了工作制度以外，还要制订监督检查制度，采用班组自查、互查办法，肯定成绩，指出存在问题，限期整改。车间、公司领导要定期进行监督检查和评比，表扬先进，树立样版。



## 第五节　关于第5个S——“素养”



### 一、提示

素养（自律、教育、教养）的目的就是培养员工整洁有序、始终如一的良好习惯。对员工进行教育，一是要经常进行整理、整顿、清扫，保持清洁状态；二是要求员工遵纪守规，遵守公司规章和礼仪的有关规定。

### 二、点评

6S管理成功要素之一，就是制定规则，经常教育员工，遵守规则。为此，必须设定目标，并规定量化指标，定期考核。例如，通道只能作为通道来用，不能做仓库使用。对那些以“我只用一会儿”为借口、乱占乱用、自以为是的做法，要限定时间予以纠正。素养就是文明生产，礼仪行为规范，文明用语，做事细致认真，保持良好的工作状态与服务状态。从下面几个方面入手：

- 根据生产进度，制定作业标准、行为准则、检查表和手册；
- 要求员工对各项制度、规则予以确认；
- 明确整理、整顿、清扫、清洁状态的标准和做法；
- 养成遵守作业标准、手册和规则的习惯。

# 第六节　关于第6个S——"安全"

## 一、提示

安全就是要养成良好的安全防范意识，消除事故隐患。实施前5个S的结果就能提供安全生产的空间，达到零事故安全管理控制。

## 二、点评

- 经常进行整理、整顿、清扫以保持清洁状态，提供安全生产空间；
- 教育员工自觉养成良好的安全操作规则习惯，自我保护；
- 明确作业现场哪些是危险源（见图3–1、图3–2），如何采取措施，消除危险源；
- 建立三级安全管理监督机制，按危险点级别实施安全目标责任制管理（见图3–3~图3–6）。

图3–1　在高压线内作业危险因素

图3–2　高空作业检修现场危险因素

图3–4说明：

1）逐级汇报与检查；

2）副总对操作者季度检查；

3）车间实行月检，操作者实行日检查；

4）安保部门检验员对操作者随时检查；

5）各部门进行周检，向安保部门汇报一级危险。

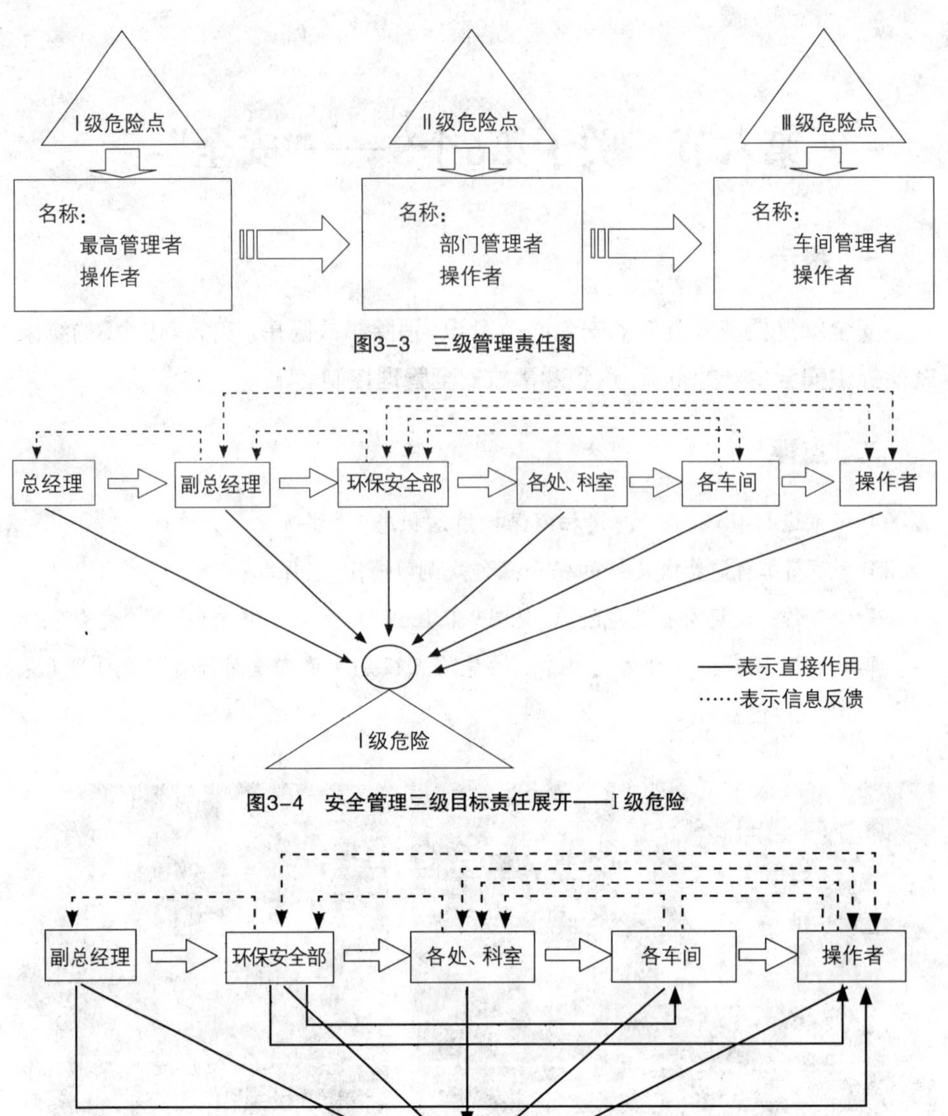


图3-3　三级管理责任图

图3-4　安全管理三级目标责任展开——Ⅰ级危险

图3-5　安全管理三级目标责任展开——Ⅱ级危险

图3-5说明：

1）逐级汇报与检查；

2）副总对操作者季度检查；

3）车间实行月检，操作者实行日检查；

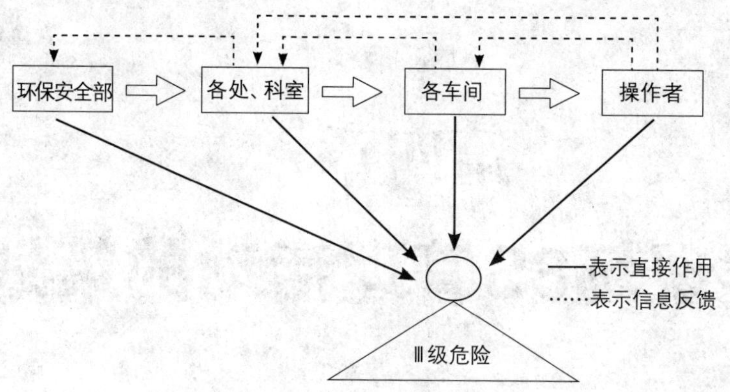


图3-6　安全管理三级目标责任展开—Ⅲ级危险

4）安保部门检验员对操作者随时检查；

5）各部门进行周检，向安保部门汇报二级危险。

图3-6说明：

1）逐级汇报与检查；

2）副总对操作者季度检查；

3）车间实行月检，操作者实行日检查；

4）安保部门检验员对操作者随时检查；

5）各部门进行周检，向安保部门汇报三级危险 。

# 第四章
# 开展现场6S管理活动的策划

## 第一节　6S管理活动推进的时机和步骤

6S管理方法是否可以同时推进呢？除非有一定规模和管理基础较好的企业，否则都应该从整理、整顿开始，当清扫达到一定程度时，进行设备点检与维护保养，具备了一定的条件，可以导入后3S活动，然后走向标准化和制度化。这样，素养就有了强有力的根基，公司就会出现整齐、有序、清新的良好形象，为建立优秀的企业文化打下坚实的基础。

推进6S管理可分三个阶段，即秩序化、活力化和习惯化。

三个阶段简要说明如下（如图4-1所示）：

第一阶段——秩序化：

由公司策划，组织动员，成立机构，制订标准，编写管理手册，拟定计划，先搞试点，从整理、整顿、清扫入手，然后扩展到后3S，形成秩序。这是策划期。

第二阶段——活力化：

经过一段时间运作与改善活动，渐渐走上常态化，此时，全员参与，公司上下充满生气，活力十足，形成一种企求改善的氛围。这是磨合期。

第三阶段——习惯化：

开展6S管理活动已有显著成效，员工已不感到紧张，常整理、常整顿、常清扫已成为人们的习惯。在这种情况下，推进6S渐渐成熟，领导和管理部门要乘势巩固成果，推进制度化和标准化工作，是一个持续改进的过程。这是成熟期。

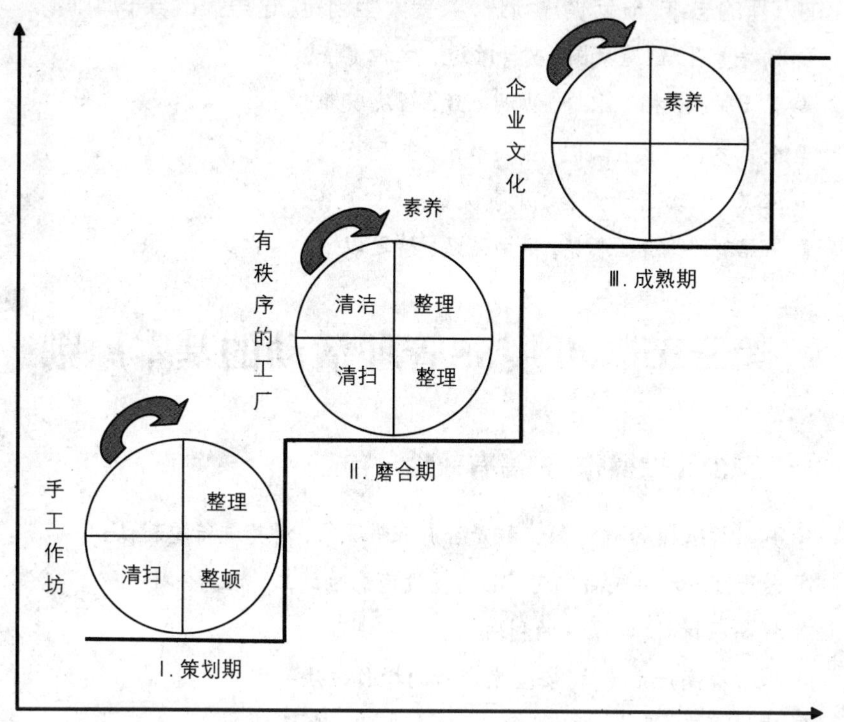


图4-1　6S管理持续改进

# 第二节　6S管理活动策划要点

电力企业开展6S管理活动，要进行周密的策划，从组织结构、人员配置、生产计划等方面考虑开展6S活动应提供必要的支持条件。策划的要点是：

（1）在企业的年度生产（检修）计划中，加入6S管理活动的安排；

（2）确定开展6S活动的归口管理部门，设置岗位，规定人员的职责权限；

(3) 选择若干部门、班组、场所进行6S试点，然后推而广之；

(4) 编制《6S管理手册》，增加必要的作业指导书；

(5) 班组、车间要设定目标指标，提出组织措施，实行"三定"管理；

(6) 制订"整理"、"整顿"的计划进度表；

(7) 制订6S活动检查表；

(8) 策划6S内部审核的时间和要求。

一个企业开展6S活动是一场变革，领导和员工都要转变观念，克服习惯势力，纳入新的思维，既要循序渐进，又要大胆创新。这里提出若干原则：

- 领导号召，创造氛围，支持改进，承担责任；
- 骨干带头，相互配合，协调一致，解决疑难；
- 全员参与，上下认同，当天事情，当天做完；
- 心态要正，苦干勤奋，凡事认真，身心兼备；
- 有始有终，精益求精，不怕失败，持之以恒。





## 第三节　开展6S管理活动的基本原则

### 一、减少无效操作，提高有效性

- 判断所选择的材料和流程是否有浪费现象，对其进行重新认识。
- 是否可以放弃或简化对产品质量没有影响的工作程序。
- 提高原材料、电器件的利用率。
- 探讨提高产品质量、安全生产新的操作方法。
- 组织生产、设计、技术、管理、服务部门的大协作。

### 二、增强工作连续性，减少人力资源浪费

- 将找人、领用工具及确认相关文件和物品的时间减到最少。
- 充分利用作业的准备时间。
- 考虑作业的连续性。
- 开会不能迟到。

### 三、定位、定量，充分利用空间和空地

- 定位：决定将什么物品放在什么位置。

- 定量：决定放置多少数量的物品。
- 以什么样的状态放置物品，最大限度地节省空间。
- 拿取的物品，如工具、工装、夹具等在使用完后能很快放回原处。
- 人移动的距离能否再短一点、少一点。
- 材料和零件的搬运距离能否再短一点、少一点。
- 不同的物品能否混置在一起。
- 在数量大、使用次数多的物资中能否分出一部分，不会影响正常运行。
- 必须用的物品无论放置在什么地方都能明白无误。
- 在作业现场和工序之间的信息传递能否更加快捷。
- 在作业的中心能否看见主要设备和工序全貌。
- 能否将几个作业现场所必要的通用物资和设备集中起来。

## 四、识别危险源，减少不安全因素

- 全体员工都要认识到安全与自身密切相关。
- 对设备的安全性能进行再确认，识别危险点。
- 对环境的安全性进行再确认，识别危险点。
- 寻找安全方面存在的不足，采取预防措施消除危险因素。
- 采用双重保险装置来确保安全。
- 设备布局有利于人员的合理作业、安全、有效。
- 高电压设备或施工现场的坑、沟，以及高空作业，需加设安全屏罩及护栏、并警示。

## 五、避免失误，准备好预防措施

- 不能仅仅依靠人的注意力，要有可行的预防措施。
- 对作业的关键点制定强制性规定。
- 发生失误后查明原因，采取纠正措施。
- 认真研究如何预防失误的再发生。

## 六、发挥“为他人着想”的服务精神

- 多从顾客、下道工序、班组同事的角度来考虑自己的工作。
- 在工作中最大限度地发挥自己的能力。
- 每个人都要乐于干别人不愿意干的工作。

- 以“为他人着想”为荣。

## 七、制订规则，遵守规则

- 将6S管理的基本要求制定若干必须遵守的规则（准则）。
- 让规则能被全体员工所确认并遵守。
- 坚持时间第一的观念。
- 遵守规则的诀窍是反复进行检查。
- 以6S管理的成功事例进行激励教育。

## 八、运用典范作用

- 实践比任何形式的宣传和动员更重要。
- 要努力创造一种真正实行6S管理的现场氛围。
- 现场管理者要起到表率作用。
- 多用鼓励的形式来促进员工创建整洁文明的作业现场。
- 现场管理者自己要率先垂范遵守有关规定、规则。

# 第五章
# 现场6S管理活动的实施

## 第一节 “整理”的实施

### 一、现状调查

拍摄整理前与整理后照片进行对比（见图5-1、图5-2）。

图5-1 改善前资料不能区分

图5-2 改善后资料区分明析

- 选择好位置和摄影角度，对作业现场完整地进行拍摄。
- 6S管理活动后，用同样方法再拍摄一遍。
- 将再次拍摄的照片与前期照片对比分析，经常使用的和不经常使用的物品做了哪些调整，一看便知。
- 过一段时间再用同样方法拍摄一次，再与以前的照片进行对比分析，是否不同。

## 二、实施“整理”的三个步骤

**步骤1　整理前的确认**

最好由现场全体的作业人员参与整理，如果在规定的时间大家一齐动手，成为整个企业的常规性工作，能收到最好的效果。如果是员工各自独立进行，那么，每个员工都要明确各自担负的职责。

其步骤是：

- 整理前确定整理的场所、对象。
- 制订不需要的物品的判定原则。
- 决定不需要物品的放置方法，对物品的名称、批号、分类、数量、场所等，用专用纸填写。
- 决定需保留物品的标准和放置方法。
- 不购买多余的材料，不生产多余的产品，加速半成品的流转，不让物品变质，不生产不合格产品，不污染作业场所和物品，减少输送配电故障率。
- 对作业后残留的物品要立即清理，不要污染环境，现场不放置私人物品。
- 不制作多余的备份和资料。
- 放置的物品要遵循平行、直角、直线的原则。

**步骤2　区分需要和不需要的东西**

整理就是要区分作业现场需要的和不需要的，使用频率高和使用频率低的，价值高或价值低的物品，然后分门别类地安置，这就是整理的基本方法。

其步骤是：

- 整理前设定目标和方法。
- 整理要定期进行，按规定的日期和规则进行整理。
- 在整理前要预先明确现场应放置的物品。
- 区分要保留的物品和不要的物品，要清楚保留物品的理由。
- 对需要保留的物品明确安置的地方，再进行整理。

**步骤3　对不需要的物品定期核查**

现在不需要的物品将来也许是急需的，所以应先将其放置在一个合适的位置，以两个月或三个月为限。

如果到了期限还没有使用，就将这些物品清除出现场，妥善保管，防止与使用频率高的物品混放在一起。

其步骤是：

- 在不能确定是否有用时，先暂时保留一段时间。
- 保留期限要根据实际情况来决定。
- 过了期限后应将其清理出现场。
- 是否有保留的价值，需要对这些物品进行分析再作决定。

## 三、物品分类

物品如果不分类，混杂在一起放置，就不能区分是否需要，在这种场合下逐个进行判断，费时费力，但是如果将其进行分类，就可以知道它的作用和重要的程度。

其步骤是：

- 按物品的种类和性能进行大、中、小分类。
- 分类时采用分类法和产品目录、利用的形态等。
- 对分类的结果、有用性、使用频率和价值等进行检查。
- 根据技术进步的情况，现在暂时不用物品，对其今后使用价值进行预测，再采取相应的措施。
- 分类的方法很多，如按种类分、按性能分、按数量分、按频率分、按金额分等。但是对整理和整顿来说，主要的是按使用的频率来分类，可以一日或一周为单位计算使用频率，这种分类的方法是较常见的。见图5-3。
- 推荐使用ABC分类法，即按使用频率高低顺序区分，高的为A，依次为B、C。
- 物品放置场所的布局也同样要根据使用的频率考虑，一般的原则是小件物品放置在前面，使用频率高的工具和零部件根据使用的顺序放置（见图5-4、图5-5）。

图5-3　按性能分类的仓储

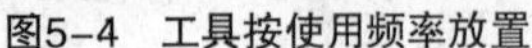

图5-4　工具按使用频率放置

图5-5　工具按类别放置

## 四、保管和保存的区别

整理之所以重要，就是因为根据不同的目的选择保存方法。它最大的作用在于区分是短期保管还是长期保存，区分了使用频率高、数量大的物品和使用频率低的物品。

其步骤是：

- 保管和保存的区别在于放置时间，暂时放置的为“保管”，长期放置的为“保存”。
- 要明确保管和保存的标准。
- 保管是在作业现场附近，保存则放置在仓库。
- 对使用量大的，使用频率高的物品进行保管，要确定适宜的固定位置（图5-6）。
- 对使用量小、使用频率低的物品可以采用不固定的场所保管（图5-7）。

图5-6　使用量大、频率高的仓库保管

图5-7　使用量小、频率低的场所保管

- 对不需要的物品清除后，再对整个现场空间重新进行确认。
- 腾出来的保管空间放置什么物品，要根据物品使用的必要性和使用的频率来决定。
- 放置物品的场所不能混乱，要划出界线，进行统一规划，特别是通道、垃圾箱、消防器材、清洁用具等，要明确专用放置场所。
- 货架、柜子、台阶、抽屉、墙壁下放置什么物品，要统一规划（见图5–8～图5–11）。

图5–8　墙壁定置工具

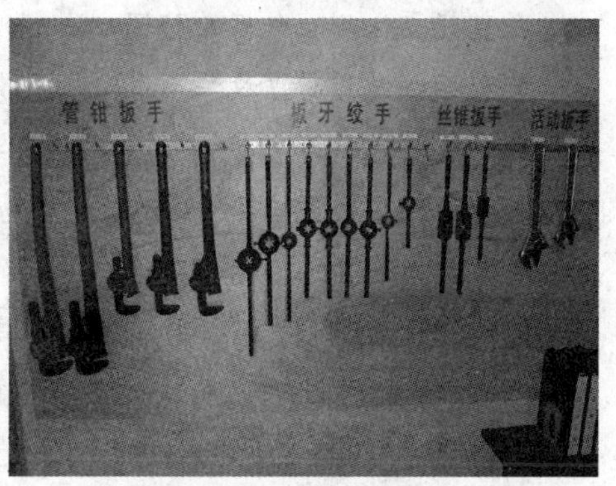


图5–9　空间放置

图5–10　抽屉整理前

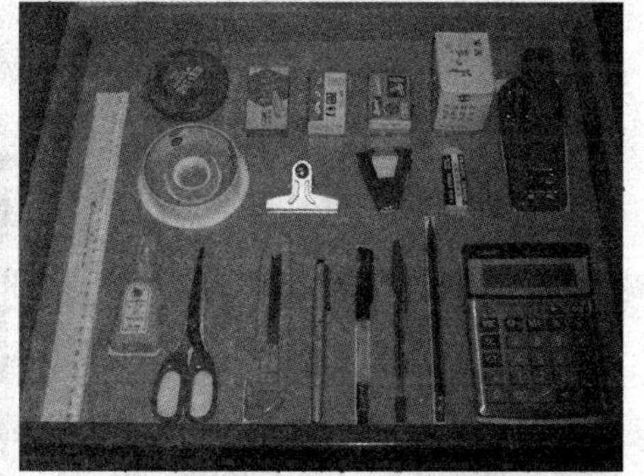

图5–11　抽屉整理后定置摆放

- 放资料的地方和放工具的地方要严格区分开来。
- 灵活运用隔板等手段进行分区整理，将物品固定，避免抽屉拉关时晃动。
- 严格区分专用物品和公用、私人物品，分开摆放。

# 第二节 “整顿”的实施

## 一、整顿的方法

- 整顿是在整理的基础上进行。
- 整顿要选用一个好的整顿方法，如指示板整顿法、直观醒目法等。
- 整顿就是重新摆放物品，其目的是能快速地取出和放回，节约时间。
- “要找的东西没有，不需要的东西到处都是”，这是耽误时间的重要原因。在整理完成以后，要做到需要的物品能立即找到，根据指示板就能够很清楚知道什么物品放在哪里。
- 指示板有代表性的内容是：

“什么” ——表示物品目录；

“在哪里”——表示地点；

“有多少”——表示数量；

“谁”——表示谁在使用和保管。

- 根据简明的原则，指示板用大小、颜色、形态来区分（见图5-12、图5-13）。

图5-12 指示板标明物品名称

图5-13 用颜色区分

- 整顿前后的状态对比。

整顿前，物品摆放乱、无序，无从下手，不利于找东西，影响工作效率。整顿后，经编目、标识、检索，可以迅速找出所要物品（见图5-14、图5-15）。

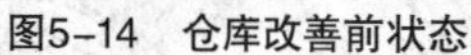

图5-14　仓库改善前状态

图5-15　改善后的货架指示板

## 二、设备安装移动

- 在安排设备或移动设备时，可利用CAD和设备模型来策划，以减少改动后再次改动。
- 决定了设备安装、拆卸、移动的位置后，试着对工作台、货柜、工件箱的路线进行移动。这时，工作台、工件箱等不仅要考虑固定式的，而且要考虑带有移动式的脚轮，可以减少疲劳、节约时间。
- 工作台、货架的安装，要考虑能从房顶垂直起落的方式来减少其所占的空间。

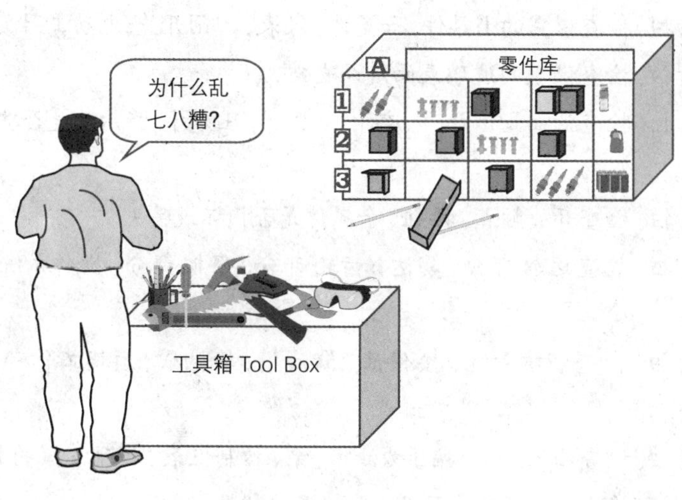

# 第三节　“清扫”的实施

## 一、清扫的流程

清扫分五个阶段：

- 第一阶段——将地面、墙壁和窗户打扫干净。
- 第二阶段——划出不同物品放置的位置和界线。
- 第三阶段——将污染源清理干净。

- 第四阶段——对设备进行清扫、润滑；对电器和操作系统等进行彻底检修。
- 第五阶段——实施作业现场的清洁计划。

## 二、清扫的范围

清扫和检查同时进行。

- 清扫、检查裸露的小器件，如瓷件、仪表、刀闸开关、电动工器具是否完好。
- 清扫、检查仪表的玻璃表面是否破裂。
- 清扫、检查油面指示计、电流计、电压计、压力计、指示灯是否破损或功能失效。
- 清扫、检查开关触点、按钮、金属件是否损坏或丢失。
- 清扫、检查运转部分、马达／齿轮部分、磨擦部分、操作系统是否运转正常。
- 清扫、检查润滑系统，按供油、储油槽、输油管、顶端工作部分的顺序检查。
- 清扫、检查油压系统，按压力油槽、泵、控制仪表、传动装置的顺序检查。
- 清扫、检查主变压器油压及可能泄漏的部位。
- 清扫、检查电器和控制系统，按控制台—限制开关—配电线—马达的顺序检查。
- 清扫、检查空压系统，按空气的供给装置—信号—传动装置—排气装置的顺序检查。

- 清扫、检查核动力系统，按核动力燃料供给装置—信号—传动装置—排气装置的顺序检查。
- 清扫、检查消防系统，包括消防栓、灭火器。

## 三、清扫的程序

- 明确清扫地段：办公室、运行车间、检修车间、大院等。
- 圈定清扫场所：窗户、通道、设备、工作现场、控制室、仓库、油库等。
- 规定清扫责任人：姓名、小组等。
- 决定清扫时间：从哪天的什么时间到什么时间等。
- 使用的清扫工具：棉纱、拖把、扫帚、吸尘器、清洗剂等。
- 清扫到什么程度：制定每台设备和车间的清扫标准。
- 如何清扫：制订清扫办法。

## 四、特别关注“死角”的清扫

- 狭窄、阴暗、容易出现污垢的“角落”（楼梯下、房间角落、电器设施的背面等）。
- 不易进行清理而又很杂的“里边”（抽屉里边、货架里边、箱子里边等）。
- 目光难以看见的“上面”（货架上面、工作台上面、机械设备上面、建筑物的梁、柜橱的上面等）。
- 不易想到的地方（工作台下边、设备内部、间隙、窗户、同其他相邻物的交接处等）。
- 污染严重的地方（厕所、布满油污的地面、堆切屑的地方、堆放原材料的地方等）。



## 五、明确责任人和责任区

- 确定作业区的负责人。
- 分区任命责任人和执行者。
- 确定监督检查人。
- 用检查表进行定期检查。

## 第四节 “清洁”的实施

“清洁”不等于“清扫”，“清扫”是瞬时的，而“清洁”是常态的。只有常整理、常整顿、常清扫，才能保持常清洁。因此，清洁的实施是寓于前3S之中，但又要提高一步，进入更高的境界。实施前3S后，关键是如何维持、保持和坚持。经验证明，要靠制度、靠管理，靠建立一套行之有效的监督检查机制，才能使“清洁”保持下去。

## 第五节 “素养”的实施

“素养”是一种精神境界，所谓“人的素质”如何，是好是坏，是先进还是落后，是通过素养积累的。我们的目标是培养人的优秀素养。这要从小处着手，也就是从5S做起。常整理、常整顿、常清扫、常清洁、养成良好的习惯。素养的实施表现在下列几方面：

- 遵守国家法律法规，即守法；
- 遵守作为社会共同道德观念的礼仪；
- 遵守作为公司一员的从业准则，即守纪律；
- 按时按质、井井有条地完成公司交给的任务，即守时间；
- 遵守公司制定的各项工作标准、操作规程、作业程序，即守标准；
- 尊重客户，注重礼节、仪表、文明用语；
- 同事间相互尊重、团结协作，培育有礼貌的团队。

其实，素养涉及的范畴很广，作为一个企业的领导和员工，记住以下几点是必要的：

- 尽力满足对方要求（Satisfactory）；
- 以降低成本为目标（Cost）；
- 培养灵敏性（Sensitive）；
- 不要忘记服务精神（Serve）；
- 尽可能的简单化（Simple）；

- 注重礼节和仪表（Style）；
- 将心态调整到最佳状态（Spirit）；
- 在微笑中努力工作（Smile）。

在车间　　在办公室

这里列举一个供电企业如何为顾客着想，改进工作程序，减少非增值活动，提高工作效率的实例。

该供电企业营销过程中有高压新装（增容）业务报装流程、低压新装（增容）业务报装流程，过去报装手续繁琐，后来，6S活动中将流程作了优化和改进。

**1. 业扩报装**

- 改进前：首先由客户到供电局领取“用电需求订单”，客户把单子带回去填写并确认后再回到供电局办理有关手续。
- 存在问题：由于客户对订单的条款要求不理解或不清楚，容易填错，造成返工。另外，客户来回跑，时间长。
- 改进后：由供电局根据客户的要求把单子填好，交给客户确认，缩短了报装时间。
- 评价：在消除非增值活动方面做得较好，减少了记录流转等待时间；与客户沟通变得更加清晰、和谐，使企业与顾客建立伙伴关系。

**2. 高压新装（增容）业务现场勘察**

- 改进前：客户代表要同时征询营销部、生产技术部、客户服务中心领导、客户服务中心的业务班、配电班是否有时间进行现场勘察？哪天有时间？等内部各部门时间统一后还要看客户是否有时间，要等各方都有时间才能确定最后勘察时间，否则就不能实施现场勘察工作。
- 存在问题：客户代表协调工作量大，各方时间难以统一，等待时间长，客户会认为是官僚主义。

- 改进后：每周固定现场勘察时间，各部门派人一致行动，专门办理现场勘察事宜。减少了扯皮拖拉，提高工作效率。
- 评价：企业内部多头管理，耗时费事，减少层次，提高有效性。

## 第六节 “安全”的实施

在电力企业，“安全”的概念是明确的。但是，其范畴逐渐扩展。有生产安全、产品安全、人身安全、设备安全、健康安全等。在6S管理活动中，把安全作为一个要素，表明安全与5S有密切关系。只有常整理、常整顿、常清扫，才能有一个安全的生产空间。所以，安全是5S带来的结果，而安全又提供了实施5S管理的基本条件。

安全的实施要靠人的意识及企业制订的规则、制度和管理功能。如：

- 人人树立安全自我防范意识，坚持自我检查、互查和组织巡查与评价相结合；
- 严格执行安全操作规程、安全作业指导书；
- 加强管理人员和操作人员的安全教育与培训；
- 建立安全责任制，规定不同岗位的安全职责和权限；
- 建立安全管理三级检查网络体系，预防事故发生；
- 安全与个人、国家、企业、社会关系重大，必须常抓不懈；
- 掌握安全救护知识和安全专业技术；
- 建立电力操作安全预警机制，实行岗前安全教育，安全工作票制。

# 第六章
# 现场6S管理活动评价

## 第一节　6S管理活动的评价方法

电力企业开展现场6S管理活动，应采用适当的方法评价其有效性。根据北京中电力企业管理咨询有限公司在青海、山东、江苏、甘肃、山西、安徽等一些发供电企业的咨询经验，6S管理的评价方法有两种，即

——内部检查、考核；

——外部审核、评星。

内部检查、考核，是企业内部6S管理推进小组、各部门和班组进行的6S管理活动检查，采用专用的检查表打分，评审各部门、班组的工作现场在整理、整顿、清扫、清洁、素养、安全等方面的成效，揭示6S管理中存在的问题，提出改进意见，要求责任部门进行整改。

每次检查以后还要进行考核。检查就是查实、查证，考核就是评价。以检查结果对照准则评价6S管理活动的符合性和有效性。

外部审核、评星，是由企业的上级或聘请的咨询机构（必要时也可邀请顾客）组织审核组，对企业进行现场监督审核，根据6S各项要素的打分，评定企业6S管理的星级，授予奖牌和证书。外部审核过程中发现的问题，可开出不合格项，要求企业采取纠正或预防措施，下次审核时进行有效性验证。外部审核、评星每年进行一次。

以下简述内部检查、考核和外部审核、评星的要求。

# 第二节 内部检查、考核

## 一、检查、考核的范围

企业内部6S管理活动的检查、考核范围，涉及企业管辖的所有部门、所有场所、所有设备设施，包括办公室、厂房、运行、检修、车间、仓库、油库、泵房、烟囱、管道、灰场、食堂、试验室、车队等，也包括外出的作业机构和人员。

## 二、检查、考核的时机

现场6S管理活动每天在进行着，6S的成效逐渐积累，因此，6S管理的检查是分级进行的。班组每天进行自查，发现问题，随时改正，部门检查，每月一次，由部门自行选定日期；企业的集中检查、考核，每半年（或每季）一次，也可与企业的质量、环境、职业健康安全一体化管理体系的内部审核结合进行。如有必要，6S检查也可增加频次。

## 三、检查、考核小组

部门检查，由部门负责人加一两名6S检查员组成一个检查小组，到本部门下属的班组、工作现场进行检查。

企业的检查、考核，由企业管理者代表或6S管理归口部门组织，在各部门抽出检查员组成若干检查组，分别对各部门进行6S管理活动的检查与考核。

参与检查的人员应经过质量、环境、职业健康安全管理体系培训和6S管理的专门培训，具备一定的知识，获得内审员资格，由企业授权。但检查人员不得检查本部门、本班组，以确保6S管理检查工作的独立性和公正性。

## 四、检查、考核的准备

企业组织6S管理的检查、考核，一般安排在每年的4月和9月，每次2~3天，可根据企业规模大小调整工作目的，每次检查前编制简单的检查计划和检查表，检查表是检查员进行检查的工具，也是6S管理的主要原始资料。

检查、考核的准则是《电力企业6S管理规范（试行）》、本企业的《6S管理手册》和其他文件。

6S管理活动检查表就是依据检查准则编写的，共有六大要素（过程），即“整理”、“整顿”、“清扫”、“清洁”、“素养”、“安全”，每一要素分列若干典型活动及具体检查内容。表6-1是一个检查表示例，供参考。

**表6-1　　6S管理检查表**

1. 整理

| 编号 | 典型活动 | 检查要点 | 检查记录 |
|---|---|---|---|
| 1.1 | 扔掉不需要的东西 | 1）是否区分了需要和不需要的东西；<br>2）现场是否有与生产无关的东西 | |
| 1.2 | 一套工具/文具 | 1）办公现场是否只放置一套共用工具；<br>2）个人使用的工具是否放一套在附近 | |
| 1.3 | 决定物品保管和保存的方式 | 1）是否根据不同的目的选择存放的方式；<br>2）是否区分了使用频率高、数量大和使用频率低的物品 | |
| 1.4 | 应用易于管理的排列法 | 1）不知何时才使用的物品是否集中管理；<br>2）重量和体积大的物品是否放置在下层，重量轻的物品是否放置在上层；<br>3）使用频率高的是否安排在合理位置 | |
| 1.5 | 清除呆滞物品 | 是否将上次使用的物品放在前面，本次使用的放在最前面，这样反复进行就会使一些过时的、无用的物品逐渐向里移，然后定期将最里面的无用物品清除出去 | |
| 1.6 | 最大限度地发挥场地的作用 | 1）在作业场地寻找落满灰尘的地方；<br>2）着眼于视觉难于达到的地方；<br>3）进一步在“货架和抽屉中”努力；<br>4）在楼梯和桌子下面能获得效果 | |
| 1.7 | 检查整理的情况 | 1）知道物品在哪里吗；<br>2）容易搬移和清点吗；<br>3）能知道何时进行补充吗；<br>4）有库存管理计划和台账吗 | |
| 1.8 | 检查整理的效果 | 1）是否能立刻知道哪里有需要的物品；<br>2）是否能很容易地放回到原来的位置；<br>3）是否能清楚地知道适当的库存量；<br>4）是否能知道库存是否该补充了 | |

2. 整顿

| 编号 | 典型活动 | 检查要点 | 检查记录 |
| --- | --- | --- | --- |
| 2.1 | 所有东西都有一个清楚的名字和位置 | 1）是否决定了物品放在哪里；<br>2）是否决定以怎样的状态放置；<br>3）是否明确了分管的负责人 | |
| 2.2 | 以“物品能容易地移动”为目的进行整顿 | 1）将“移动”为前提选择保管场所；<br>2）按照作业的顺序来研究工作流程；<br>3）是否充分考虑物品移动的频率 | |
| 2.3 | 存档规范和控制 | 1）是否制定了存档规范；<br>2）是否按规定进行存取和发放 | |
| 2.4 | 分区和地点标记 | 1）不同类型的文件是否分区管理；<br>2）是否作出了明显的标记 | |
| 2.5 | 清除柜门和锁 | 对没有保密要求的文件要增加其透明度 | |
| 2.6 | 先进先出的安排 | 1）是否按购进物品的时间顺序使用.；<br>2）对使用期限短的物品在采购时是否有相关的规定 | |
| 2.7 | 整洁的公告板（同时清除已作废的公告） | 信息发布是否及时、清楚、明了 | |
| 2.8 | 明确易懂的指示板 | 主要内容：什么——物品目录；<br>在哪里——地点；<br>有多少——数量；<br>谁——谁在使用和保管 | |
| 2.9 | 直线和直角式的布置 | 是否最大限度地利用空间 | |
| 2.10 | 部门内材料、零件、工具等的放置 | 是否按A、B、C进行分类 | |
| 2.11 | 30秒内可取出和放回文件 | 1）文件、资料的取放是否容易快捷；<br>2）放置的方式是否合理 | |
| 2.12 | 组织零件和文件的存放 | 1）物品和文件的存放是否一目了然；<br>2）能否谁都清楚 | |
| 2.13 | 一页纸的表格或备忘录 | 是否用最简洁的语言进行叙述 | |

续表

| 编号 | 典型活动 | 检查要点 | 检查记录 |
|---|---|---|---|
| 2.14 | 对无效性的检查 | 1）是否任意使用高品质材料；<br>2）是否随意动用精加工程序；<br>3）是否有不合适的加工方法 | |
| 2.15 | 整顿活动的检查内容 | 1）是否节约了取放时间；<br>2）是否降低了无用的库存，是否达到了提高工效的目的；<br>3）物资、设备、放置场所是否合理 | |

3. 清扫

| 编号 | 典型活动 | 检查要点 | 检查记录 |
|---|---|---|---|
| 3.1 | 个人清扫责任划分 | 是否职责明确、分工到人 | |
| 3.2 | 使清扫和检查更容易 | 是否有相应的检查表 | |
| 3.3 | 经常开展卫生运动 | 1）是否制订了清扫计划；<br>2）是否严格执行了清扫计划 | |
| 3.4 | 清扫未曾注意到的地方 | 1）是否注意柜子的下面和顶部；<br>2）是否注意了楼梯死角；<br>3）是否注意了工作场所的死角 | |
| 3.5 | 打扫干净地面、墙壁和窗户 | 1）是否清理地面安置的物品；<br>2）是否清除地面、墙壁上的垃圾和油污；<br>3）是否分析了污染源，决定今后的清扫方法 | |
| 3.6 | 清除污染源 | 1）是否将窗户缝隙中的灰尘完全清除；<br>2）搬运中是否不让切屑等废弃物落下；<br>3）搬运油料和水是否选择合适的容器；<br>4）是否做好管道维护以防止泄漏；<br>5）切削时灰尘和切屑是否安装吸尘装置 | |
| 3.7 | 设备的外观检查 | 1）确认设备的构造和性能；<br>2）明确设备的检查方法；<br>3）清除注油口和仪表操作部分的灰尘和油污 | |

续表

| 编号 | 典型活动 | 检查要点 | 检查记录 |
|---|---|---|---|
| 3.8 | 设备的保养 | 1）注油口是否有油污和锈迹；<br>2）表面操作部分是否没有磨损、灰尘；<br>3）运作部分和螺丝是否有破损，松动；<br>4）运转部分是否有发热现象 | |
| 3.9 | 清扫的检查 | 1）是否完全清除了所有污垢；<br>2）是否杜绝了设备产生污垢的来源；<br>3）是否修补涂覆了地面破损的地方；<br>4）是否擦拭了设备 | |

4. 清洁

| 编号 | 典型活动 | 检查要点 | 检查记录 |
|---|---|---|---|
| 4.1 | 明确清洁的状态 | 1）地面的清洁状态；<br>2）窗户和墙壁的清洁状态；<br>3）操作台的清洁状态；<br>4）工具和工装的清洁状态；<br>5）设备的清洁状态；<br>6）货架和放置物资的清洁状态 | |
| 4.2 | 制定清洁状态手册 | 1）写出作业地面的清洁程序和方法；<br>2）确立区域和界线位置的原则，规定完成后的状态；<br>3）明确设备的清扫、检查的进程和完成后的状态；<br>4）明确设备的动力、传动、润滑、油压、气压等部位的清扫、检查和完成后的状态 | |
| 4.3 | 审核定期检查表的内容 | 1）图表和指示牌设置的位置是否合适；<br>2）提示的内容是否合适；<br>3）安置的位置和方法是否高效率；<br>4）数量是否合适；<br>5）是否有不需要的 | |
| 4.4 | 经常性的3S管理 | 1）是否确定了在3S管理活动基础上继续深入开展6S管理；<br>2）是否坚持不断地改善；<br>3）是否形成文件化的体系管理 | |

5. 素养

| 编号 | 典型活动 | 检查要点 | 检查记录 |
| --- | --- | --- | --- |
| 5.1 | 制订教育计划 | 1）是否明确了教育的内容；<br>2）教育的内容是否充分；<br>3）是否对全员都进行了教育 | |
| 5.2 | 加强安全教育和管理 | 1）发生事故是否查明了原因；<br>2）随时保持安全意识；<br>3）确立全体人员的协作体制；<br>4）全员都明白本厂易发生事故的类型 | |
| 5.3 | 保持员工良好的个人形象 | 1）头发和手是否清洁；<br>2）工作服是否干净；<br>3）是否有绽线和脏污的地方；<br>4）是否戴有不必要的饰物；<br>5）在工作时是否着适宜的工装；<br>6）是否准备有擦拭脏污用的毛巾 | |
| 5.4 | 明确行动准则的备忘录 | 1）是否用备忘录形式对员工的觉悟进行确认；<br>2）是否有员工迟到、缺勤就采取措施的规定；<br>3）是否确认企业整理、整顿的规定；<br>4）是否确认了工作推进的方法；<br>5）是否确认了“报告、联络、会谈”等有关规定 | |
| 5.5 | 形成相互尊重有礼貌的氛围 | 1）遵守社会共同道德观念的事务礼仪；<br>2）遵守作为员工的从业规定；<br>3）井井有条完成组织交给的各项任务；<br>4）遵守制定的作业规范；<br>5）遵守企业制定的各项行为准则 | |

6. 安全

| 编号 | 典型活动 | 检查要点 | 检查记录 |
| --- | --- | --- | --- |
| 6.1 | 建立各级安全管理工作小组，分工明确，设施经常维护保养 | 1）安全责任人是否明确自己的职责；<br>2）安全设施是否进行了点检、考核、记录、分析、改善 | |
| 6.2 | 以“物品能方便地移动到安全位置”为目的进行整顿 | 1）将“安全移动”为前提选择保管安全场所；<br>2）是否按照作业顺序研究安全工作流程；<br>3）是否充分考虑物品移动的安全频率 | |
| 6.3 | 30秒内可取出和放回安全防火设施 | 1）安全防火设施的取放是否方便、快捷、易于识别；<br>2）放置的方式是否合理 | |
| 6.4 | 识别所有与安全有关物品，都有一个清楚的名字、位置和责任明确的标识 | 1）是否决定了哪些物品放在安全地方；<br>2）是否决定以怎样的状态安全放置；<br>3）是否明确了分管的负责人 | |
| 6.5 | 物品保管的先进先出原则，疏通安全通道障碍 | 1）是否按购进物品的时间顺序使用，先进先出，保障安全存放位置；<br>2）如何保障物品安全与通道的畅通 | |
| 6.6 | 整洁的安全公告板（同时清除已作废的公告） | 信息发布是否及时、清楚、明了 | |
| 6.7 | 对全体员工进行安全知识教育培训 | 1）是否对全员进行安全消防知识培训，效果如何；<br>2）员工是否掌握了安全消防方法 | |
| 6.8 | 制定确保安全的紧急预案 | 1）是否制订了防火、防雷、防汛紧急预案；<br>2）紧急预案是否进行了演练；<br>3）是否提供足够可靠的防范资源；<br>4）采取的措施是否适当、有效 | |

## 五、现场检查

企业6S管理活动的检查采用简捷、务实的方式进行，不召开首末次会议。检查前，检查组开一次碰头会，明确检查计划和分工，然后即分组进入受检部门、班组进行检查。对照检查表收集6S活动的客观证据。检查的方法有面谈、提问、查阅文件、记录，并到作业现场观察，作好检查记录。

## 六、检查结果

检查组整理检查记录并进行分析，对照检查准则进行评价。对于不能满足《6S管理手册》或检查准则有关要求的问题，以汇总表形式开出“不符合项通知单”，要求责任部门进行整改。

## 七、考核评奖

为了验证推进6S管理的符合性和有效性，企业内部的6S管理应进行考核、评价，建立奖惩机制，以奖励为主、惩罚为辅，分二级实施。

部门级：每月考核评定一次，给班组挂绿牌、黄牌、红牌，作好记录（见表6-2）。

绿牌：一月内无严重不合格项，一般不合格项少于3个（含3个）。

黄牌：一月内无严重不合格项，一般不合格项为4~10个。

红牌：一月内有严重不合格项，或一般不合格项大于10个以上。

公司级：每年考核评定一次，考核是在6S检查后进行，给部门颁发金牌、银牌、铜牌或不挂牌。

评定准则如下：

金牌：检查项目得分占总分100%，一年内全部合格，月月绿牌，无黄牌、红牌。

银牌：检查项目得分占总分95%以上，一年内无红牌，黄牌3个以下。

铜牌：检查项目得分占总分90%以上，一年内无红牌，黄牌6个以下。

不挂牌：6S管理业绩低于铜牌标准，必要时给予一定的经济惩罚或通报批评。

表6-2　　6S管理奖牌评定记录表　　编号：

| 被评定部门 | | 运行时间 | 年　月　日至　年　月　日 |
|---|---|---|---|
| 评定部门 | | 评定时间 | 年　月　日 |
| 评定人员 | | 组长：<br>组员： | |

续表

| 现场审核结果 | 1. 主要业绩<br>2. 存在问题描述<br>3. 评分 | | | | | | | | | | |
|---|---|---|---|---|---|---|---|---|---|---|---|
| 分 | 0 | 10 | 20 | 30 | 40 | 50 | 60 | 70 | 80 | 90 | 100 |
| 办公区 | | | | | | | | | | | |
| 现　场 | | | | | | | | | | | |
| 合　计 | | | | | | | | | | | |
| 6S推进组意见 | 组长签字：　　年　月　日 | | | | | | | | | | |
| 评定结果 | 绿牌　黄牌　红牌　不挂牌 | | | | | | | | | | |
| 备注 | | | | | | | | | | | |

# 第三节　外部审核、评星

## 一、外部审核的必要性

6S管理活动除了内部推进以外，也需要借助外部力量推动。电力企业的上级（包括电网公司、发电集团公司）、第三方认证机构、咨询机构、第二方顾客等都是外部力量。借助外部力量对电力企业内部的6S管理进行审核或监督检查，从更广的角度审视企业的6S运作，从同行对比的角度更易发现存在的问题，有利于提高企业的管理水平和绩效。

## 二、6S管理规范

为了使电力企业6S管理和审核有所遵循，北京中电力企业管理咨询有限公司组织编制了《电力企业现场6S管理规范（试行）》（以下简称《规范》），提供了一个6S管理运作的框架。

该《规范》详尽阐述了企业推进6S管理活动的内涵、过程、程序、方法和结果，《规范》的结构采用PDCA模式，新颖独特，是电力企业（包括发电、输变电、供电、试验、电建等）生产运行、检修、服务部门开展6S活动的指导文献。

《规范》的主要内容归纳如下：

**1. 融入国际上通行的管理原则**

将日本的整理、整顿、清扫、清洁、素养、安全的6S管理理念、GB/T 19000—2000质量管理体系的八项管理原则、PDCA循环原则作为6S管理的主要原则，贯穿到《规范》的条文中，使6S管理具有鲜明的科学性和系统性。

**2. 识别6S要素**

将6S管理过程以S带头加上编号，赋予“要素”名称，每一个“要素”又分列四个子要素，以简明的特性予以区分，可作为6S检查、审核、评分的准则。

**3. 建立6S管理体系**

为实施6S管理所需的组织结构、程序、过程和资源就是6S管理体系的全部内容。

组织推进6S管理，可参照该规范提出的原则、方法和步骤，结合企业自身的实际，建立6S管理体系，形成文件，加以实施和保持，并持续改进其有效性。

**4. 组织领导作用**

推进6S管理需要管理者加强领导，成立必要的工作班子，制订方针目标和计划，编写文件，教育培训，提供资源并持续改进，以确保企业在实施6S管理后能改善面貌，提升管理水平和绩效。

**5. 6S管理过程控制**

6S管理过程在不同的企业、单位、部门有不同的表现形式。《规范》列出八大过程控制要求（即公共区、办公区、电器设施、厂房、车间、仓库、档案室、素养），仅是示例。

**6. 6S管理评价**

能否顺利地推进6S管理活动并取得成效，关键在于建立一个监督检查和评价的机制。《规范》采用两种评价方法，即内部检查和外部审核，内外结合，发现

问题，不断改善。

7. 内部检查

为了减轻企业的负担，内部6S检查采用简捷、务实的方式进行。如部门、班组检查只有记录即可，公司的6S检查不召开首末次会议，不合格项以汇总表形式开出，省去繁琐的表格填写和传递，但需保持检查文件和记录。

公司级的6S检查后要进行考核、评奖、授牌，激励先进，鞭策后进，这是6S管理不同于其他管理体系之处。

8. 外部审核

外部审核是第三方（认证机构或咨询机构）或第二方（顾客）对企业进行的6S管理审核，这种审核是审核方与受审核方（企业）的合同约定，由审核方组织审核组，对企业进行现场监督审核。外部审核每年进行一次。

外部审核是正规的审核，审核方法按GB/T 19011—2003《质量和（或）环境管理体系审核指南》的要求进行。

## 三、评定6S管理星级企业

对实施6S管理的企业进行星级评定，是一项有意义的激励活动，它使企业明了自己在管理中的序位，鼓励企业追求卓越。

星级企业评定是在外部审核后进行，规范规定了评级打分标准，根据现场6S各项要素的打分，评定企业6S管理的星级，授予奖牌和证书。

6S管理星级企业分为五个等级，五星级最高，它表明该企业6S各项管理活动完全符合规范要求，一定会获得良好的社会形象。星级越低，表明该企业与先进企业差距越大。这就促使企业要重新评审自己的方针目标，提高认识，改善管理，改进工作方法。

# 第七章
# 6S管理活动的推进

## 第一节　建立6S管理组织结构

### 一、组织结构的形式

从日本企业推行6S管理的经验看，是否能按预定计划实施6S管理，首先就要看是否有一个强有力的推进组织，对整个6S管理活动起领导和指挥作用。

企业导入6S管理法，先期必须建立一个组织（主管部门），作为核心力量，然后，建立从公司——部门（科室）——班组的三级监控管理体系。当6S已被员工养成自觉习惯时，进入经常性的常态化管理，可由各部门自主管理。

6S管理的推进组织可称为“6S管理领导小组”（见图7-1），下设办公室，领导小组由总经理、6S管理者代表及若干名成员（部门负责人）组成。办公室可挂靠在综合管理部门，由3~5名精干人员工作。

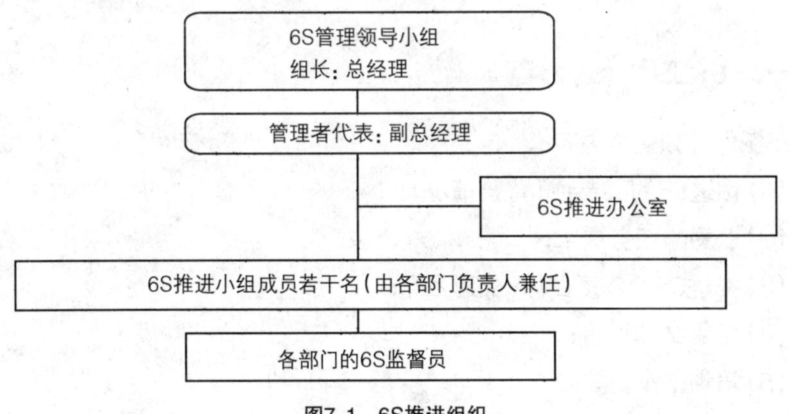


图7-1　6S推进组织

## 二、6S管理推进组织的作用

- 制订公司6S 管理的方针和目标;
- 确定推进6S管理的方法、步骤;
- 制订工作计划和实施方案;
- 实施6S管理的基础知识教育和培训;
- 制订6S检查考核标准;
- 建立6S监督检查体系;
- 推荐6S监督员并对其进行培训，参与企业的检查考核活动。

## 三、 岗位职责

(1)最高管理者(公司总经理)任命管理者代表，组织6S管理策划，制订方针目标，批准6S工作计划，提供6S管理所需资源。

(2)管理者代表是整体推进6S工作的主持者，领导推进办公室，协调各部门的6S推进工作，定期向最高管理者报告推进情况。

(3)推进办公室是在管理者代表的直接领导下，负责安排全公司的6S活动，包括布置、沟通、协调、检查、监督、考核和跟踪等工作，是6S的归口管理部门。

(4)6S领导小组成员由部门负责人兼任，负责执行公司的6S工作计划、标准和各项制度，检查监督本部门各班组的6S管理活动。

(5)6S监督员是各部门产生的6S管理员，经过6S培训，具有较多的6S管理知识，主要职责是协助部门负责人管理、监督、检查本部门各班组的6S具体工作。

# 第二节　制订6S工作计划

## 一、 6S工作计划内容

6S工作计划主要内容有:

(1)推进6S的必要性(背景情况);

(2)公司的任务要求;

(3)推进6S的年度目标、长远目标;

(4)组织结构设置;

(5)培训工作安排;

(6)文件编写;

（7）资源配置；

（8）安排在示范区进行6S试点工作；

（9）全面推进6S的时机；

（10）检查、考核、审核、奖惩；

（11）6S推进日程表（见表7–1）。

表7–1　　　　某公司2006年度6S工作计划（以四个月为例）

| 阶段 | 项次 | 日期<br>内容 | 第一月 | 第二月 | 第三月 | 第四月 | 第五月 | 第六月 |
|---|---|---|---|---|---|---|---|---|
| P阶段 | 1 | 建立6S推进组织，制订方针目标 | | | | | | |
| | 2 | 编制6S活动计划 | | | | | | |
| | 3 | 前期的准备工作 | | | | | | |
| | 4 | 6S宣传、教育、训练 | | | | | | |
| | 5 | 现场分析、确定6S示范区 | | | | | | |
| | 6 | 示范区开始整理、整顿 | | | | | | |
| D阶段 | 7 | 公司誓师大会 | | | | | | |
| | 8 | 全面整理、整顿的展开 | | | | | | |
| | 9 | “寻宝”活动 | | | | | | |
| | 10 | 6S推进红牌作战 | | | | | | |
| | 11 | 目视管理 | | | | | | |
| | 12 | 设备清扫 | | | | | | |
| | 13 | 看板管理 | | | | | | |
| | 14 | 区域责任制度 | | | | | | |
| | 15 | 三级展示会议 | | | | | | |
| | 16 | 巡视、评价 | | | | | | |
| C阶段 | 17 | 检查/考核标准的制定 | | | | | | |
| | 18 | 检查/考核评分、挂牌 | | | | | | |
| | 19 | 整改跟进 | | | | | | |
| | 20 | 成果发布、经验介绍 | | | | | | |
| A阶段 | 21 | 创意改善制度导入 | | | | | | |
| | 22 | 问候、礼仪和岗位规范的实施 | | | | | | |
| | 23 | 总结、奖惩、识别存在问题 | | | | | | |
| | 24 | 持续改进（现场管理水平进一步提升） | | | | | | |

## 二、推进6S管理的流程

企业推进6S工作应有计划、有步骤地进行。图7-2是公司推进6S工作流程，图7-3是示范区（部门）的6S实施流程。

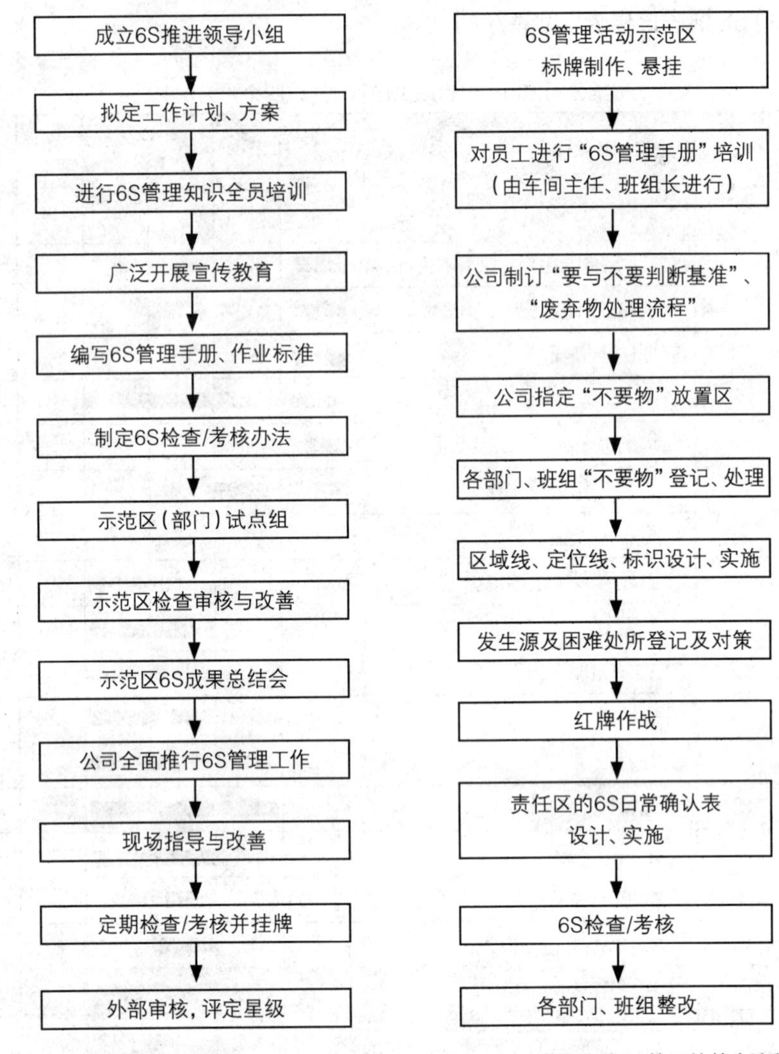


图7-2　推进6S管理活动的基本流程

图7-3　示范区实施6S管理的基本流程

# 第三节　6S管理的应用工具

6S管理常用的方法有目视管理法、看板管理法、可视化管理法等。这里介绍目视管理和看板管理。

## 一、目视管理

### 1. 什么是目视管理

在日常生活中，人们是通过视觉、嗅觉、听觉、触觉、味觉来感知事物的，其中，最常用的是“视觉”。据统计，人60%的行动是从视觉的感知开始的。因此，在日常生活中，人们用视觉识别各种物体形状、大小、颜色等，“一目了然”，而且容易发现潜在问题。这样，可以让员工自主理解并执行各项任务，无疑会给管理带来很大的好处。例如：交通管理用的红绿灯（红灯停，绿灯行）。包装箱的箭头朝上，表示箱内装的是液体，都是视觉管理（见图7-4~图7-7）。

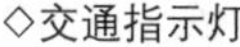


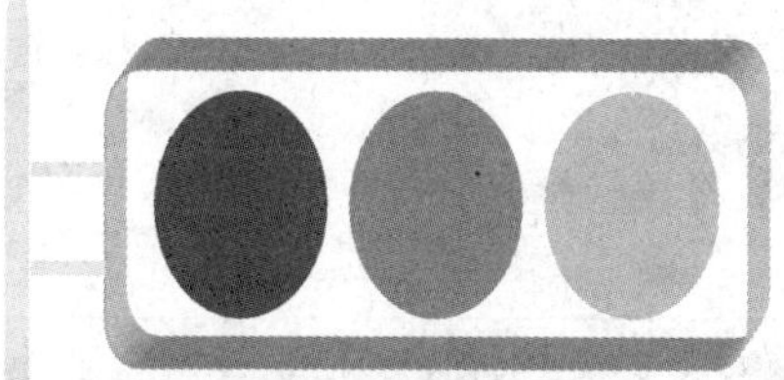

图7-4　交通目视管理

◇包装箱　空调器

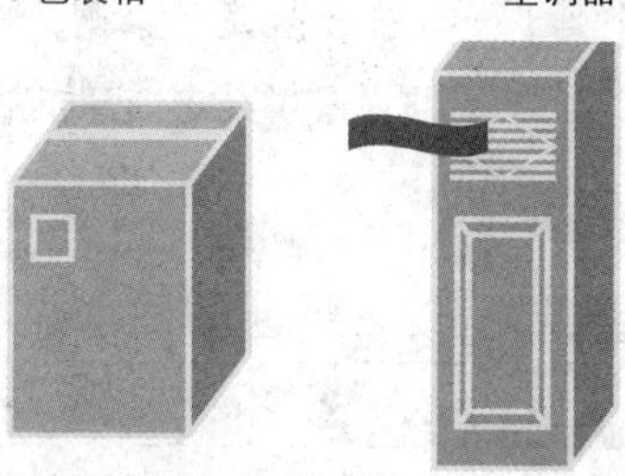

图7-5　包装箱与空调器目视管理

图7-6　作业区通道

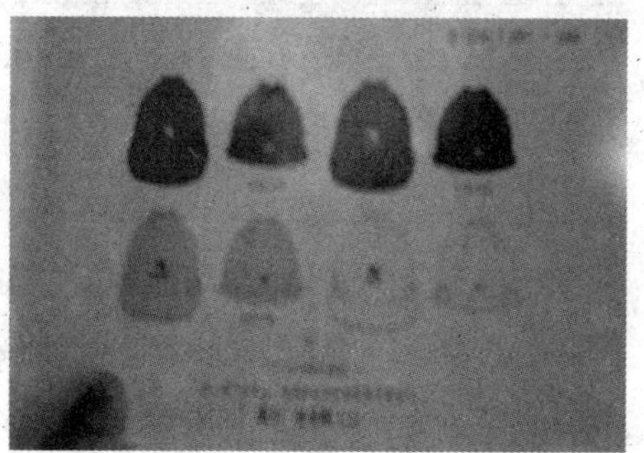

图7-7　安全帽标识

### 2. 目视管理的类别

(1) 物品管理。

日常工作中，需要对工具、计量仪器、设备、备用零件、消耗品、材料、在制品、完工品等各类物品进行管理，通常是：

- 随身携带；
- 放在伸手可及的地方；
- 放在较近的架子或抽屉里；
- 放在储藏室或货架中；
- 分类标记物品的名称、用途、放置场所；
- 物品放置的方法应符合先进先出的原则，如利用轨道（一头入、一头出）或斜坡方式（上入、下出）；
- 确定物品合理的储存数量，尽量保管最小的数量，但要防止断货，可标记最大的库存线、安全库存线，下单线，下单数。

(2) 作业管理。

- 采用巡视、检查、观察、交谈、电话等方式了解生产运行状况。
- 操作者是否明了作业计划和事前准备的内容，要核查实际进度和计划是否一致。
- 作业是否符合规定的准则，要对照操作规程、安全规程进行检查。
- 能否早期发现异常情况，可安装异常警报灯。

目视管理的介绍

◇操作方法：运用实际进度与计划表

| 编　号 | 分　类 | 线　名 | 设备名 | 数　量 | 点检内容 | 周　期 |
|---|---|---|---|---|---|---|
| 51 | 品质 | E-1 | 温调器 | 2 | 机能点检 | 6 M |
| 52 | 设备 | E-3 | 探头 | 1 | 绝缘测试 | 1 Y |
| 53 | 设备 | E-3 | 马达 | 7 | 转子点检 | 6 M |

○ △ 计划　　● ▲ 实施

(3) 设备管理。

随着工厂机械化、自动化程度的提高，仅靠一些设备维护人员已经很难保证设备的正常运行，现场的操作人员也要参与到日常设备维护保养中，如对设备简单的清洁、检查、加油、加固等日常保养工作。

- 要清楚地表示出设备应该维护保养的部位，如管道、阀门、压力表等，用颜色区分。
- 应能迅速发现发热异常，如在马达、泵上使用温度感应标签或温度感应油漆。
- 运行中是否正常供给零器件，如在旁边放上小玻璃管、小飘带、小风车。
- 在各类盖板上极小化、透明化上下工夫，使驱动机械容易“看见”。
- 用颜色、数字标记出计量仪器的正常范围，异常范围与管理界限。
- 标出设备性能、周期、速度，以识别设备是否正常运转。

（4）产品质量管理。

- 把合格品与不合格品分开放置。
- 设备异常“显露化”，重要的部位粘贴“品质要点”标签，明确检查线路，防止漏查。
- 计量仪器按检查表定期逐项检查。

（5）安全管理。

- 把危险的事物更加“显漏化”，刺激人们的视觉，唤醒人们的安全意识，以便防止事故的发生。
- 注意有高低突起的地方，使用油漆或荧光漆，刺激视觉（见图7-8、图7-9）。
- 设置紧急停止按钮，放在容易触及的位置，并有醒目标记。
- 注意生产现场、车间、仓库内交叉地方，设置凸面镜或临时停止“脚印”图案。
- 危险物的保管严格按照有关规定实施，把有关法律法规与安全警标贴在醒目处。

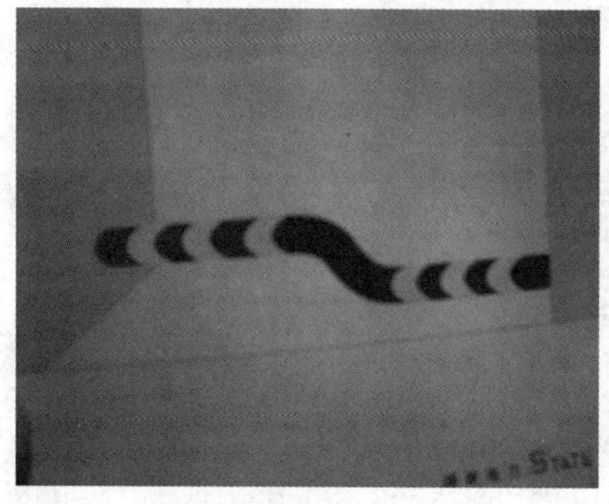

图7-8　防止绊倒斑马线

图7-9　楼梯落差安全踏空线

### 3. 目视管理的作用

对管理者来说，也许管理会带来许多优越感，但对被管理者来说未必是件愉快的事情。尽量减少“上级”管理，发挥自主管理，这是符合人性化的管理法则，只有在目视管理中才能够恰如其分地表现出来。实现目视管理，虽然部门之间、员工之间并不了解，通过眼睛观察了解公司的现场工作运行状况，判断其正常还是异常，这就是“自主管理”的目的。省却了许多无谓的请示、命令、询问，无疑会提高工作效率。

## 二、看板管理

看板管理是6S管理活动中常用的一种方法。通过看板，让每个员工了解公司生产动态、作业标准、品质、安全、绩效等情况。在作业区，看板则展示物品放置的位置、数量、去向等。

看板有书写板、画板、荧屏显示等类型。

看板在日语中是布告板的意思，它是一种在拉式系统中协调生产与零件移动的沟通工具。

使用看板可以达到四项目的：

- 传递信息（生产内容与时间，运送的时间与地点）
- 控制库存（零件的总数保持固定）
- 控制过程（图表显示）
- 支援改善（逐渐减少看板数量）

看板的作用是将各部门在管理中的成绩与不足全部反映到一块看板上。展示管理改善的过程，让大家都能学到好的方法；让参与者有成就感、自豪感，营造竞争的氛围，这有利于工作的推进（见表7-2、表7-3）。

例如养花看板：

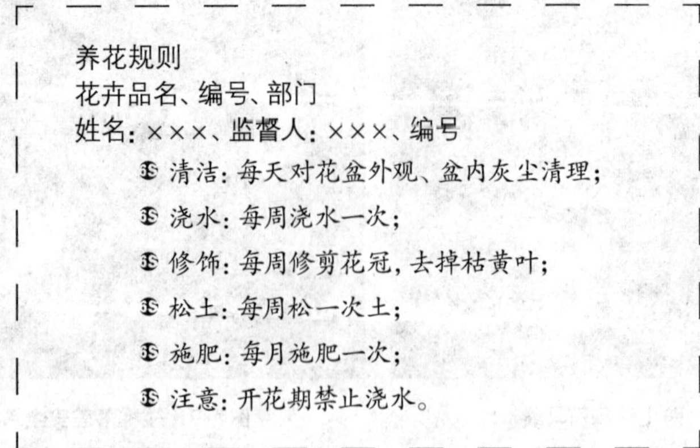

养花规则
花卉品名、编号、部门
姓名：×××、监督人：×××、编号

- 清洁：每天对花盆外观、盆内灰尘清理；
- 浇水：每周浇水一次；
- 修饰：每周修剪花冠，去掉枯黄叶；
- 松土：每周松一次土；
- 施肥：每月施肥一次；
- 注意：开花期禁止浇水。

看板还有警示灯、标准作业表等形式。

- 警示灯（地图）：现场第一线管理者随时都要了解作业人员与机械是否在正常运转中，是否会出现异常情况，此外还有生产进度监督 、安全与机械故障警示 、零配件短缺报警等。
- 标准作业表：把工程配置和作业步骤用图表表示，一目了然。通常是将人、机、料、法、环、检测组合一起，综合表示的作业标准书。
- 错误防止板：一般用帕拉图与数据表示不良品。生产中人们看不清楚产品好坏，看板上用直观线条展示不合格品，引起人们注意，这就是所谓“自主管理板”。

表7–2　　某供电公司　年　月6S管理活动评比绩效展示板

换板时间：　年　月　日

| 评比单位 | 红灯 | 黄灯 | 绿灯 | 得分 | 加权分 | 操作者/部门 | 本月/上月排名 | | 成绩升降 |
|---|---|---|---|---|---|---|---|---|---|
| 总经理 | | | | | | | | | |
| 副总经理 | | | | | | | | | |
| 办公室 | | | | | | | | | |
| 生产调度中心 | | | | | | | | | |
| 信息中心 | | | (灯泡) | | | | | | |
| 变电所1 | | (灯泡) | | | | | | | |
| 变电所2 | | | | | | | | | |
| 变电所3 | | | | | | | | | |
| 变电所4 | | | | | | | | | |
| 营业室 | (灯泡) | | | | | | | | |
| 图符号说明 | 降 ↓ | | | | | 升 ↑ | | | |

表7-3　　　　某供电公司　　年终6S管理活动评比绩效展示板

换板时间：　　年　　月　　日

| 评比单位 | 12个月累计总牌数 | | | | 操作者/部门 | 获得奖杯 | 本年/上年排名 | | 成绩升降 |
|---|---|---|---|---|---|---|---|---|---|
| | 红灯 | 黄灯 | 绿灯 | 得分 | | | | | |
| | |  | | | |  | | |  |
| | | |  | | |  | | | |
| |  | | | | | | | | |
| | | | | | |  | | | |
| | | | | | | | | |  |
| | | | | | | | | | |
| | | | | | | | | | |
| | | | | | | | | | |

# 第四节　6S检查考核区及考核项目

企业6S管理活动涉及的范围很广，包括办公区、生产区、辅助生产区、生活区等，每一个区域根据业务性质不同又可划分若干作业地段或目的物（见表7-4），对日常清洁项目作出规定，公司或部门在进行6S管理活动检查考核时都不应遗漏。

表7-4　　　　6S检查考核区及考核项目总表

| 1. 公共区 | | | | | | | | | | | | | | | | | | | |
|---|---|---|---|---|---|---|---|---|---|---|---|---|---|---|---|---|---|---|---|
| | 楼道 | 卫生间 | 垃圾桶 | 消防器材 | 广告牌 | 宣传画 | 标牌 | 门窗 | 宣传栏 | 各办公室 | 通信信息设施 | 车队及停车场 | 自行车摩托车 | 公共卫生区 | 大楼前厅 | 食堂 | 门卫收发传达 | 礼堂 | |

续表

| 2. 办公室 | | | | | | | | | | | | | | | | | | | |
|---|---|---|---|---|---|---|---|---|---|---|---|---|---|---|---|---|---|---|---|
| 盆毛巾等 | 门窗及帘 | 墙壁 | 天棚板 | 地面 | 沙发 | 桌椅 | 茶具 | 抽屉 | 柜子档案 | 文件柜 | 文件资料 | 花卉 | 宣传画 | 悬挂物 | 标识牌 | 拖布 | 清扫具 | 撮子 | 搽布 |
| 资料库 | 休息室 | 会客室 | 会议室 | 电教室 | 电梯 | 接待室 | 档案室 | 阅览室 | 文体活动室 | 荣誉宣传室 | | | | | | | | | |
| 3. 办公用品及工具 | | | | | | | | | | | | | | | | | | | |
| 电脑 | 打印机 | 复印机 | 饮水机 | 烟具 | 水杯 | 电话 | 笔筒 | 订书器 | 其他 | 电教用具 | 垃圾篓 | 工具 | 私人物品 | | | | | | |
| 4. 电器及消防设施 | | | | | | | | | | | | | | | | | | | |
| 灯及开关 | 控制箱 | 电源插线板 | 线束 | 电水壶 | 电热器 | 电炉子 | 空调器 | | 消防箱 | 消防器材 | 消防警戒牌 | 消防器点检表 | 消防器材定置 | | | | | | |

| 5. 文件资料 | | | | | | | | | | | | | | | | | |
|---|---|---|---|---|---|---|---|---|---|---|---|---|---|---|---|---|---|
| 文件资料分类 | 文件定置看板 | 文件柜 | 文件夹 | 文件传递流程 | 文件档案管理 | 文件标识管理 | 文件废弃处理 | 文件格式 | | | | | | | | | |
| 6. 礼仪行为、道德规范 | | | | | | | | | | | | | | | | | |
| 仪容 | 服饰 | 礼节 | 文明用语 | 团队精神 | 服务用语 | 安全警语 | 工作纪律 | | | | | | | | | | |

续表

| 7. 工作效率 | | | | | | | | | | | | | | | | | |
|---|---|---|---|---|---|---|---|---|---|---|---|---|---|---|---|---|---|
| 工作任务明确 | 执行计划与目标 | 工作速度 | 不断改进 | 无效劳动 | 会议精简 | 文件处理 | 工作程序精简 | 检讨制度 | 文件精简 | 各种材料精简 | | | | | | | |

| 8. 库房 | | | | | | | | | | | | | | | | |
|---|---|---|---|---|---|---|---|---|---|---|---|---|---|---|---|---|
| 库房环境 | 库房定置 | 物品分类 | 物品标识 | 四四定位 | 货架及柜 | 账物卡 | 物品器具 | 工具箱包 | 易燃易爆品 | 物品发放制度 | | | | | | |

| 9.（餐厅）厨房 | | | | | | | | | | | | | | | | | | | |
|---|---|---|---|---|---|---|---|---|---|---|---|---|---|---|---|---|---|---|---|
| 餐厅环境 | | 桌椅 | 餐具 | 消毒柜 | 帘布 | 电器设施 | 厨房环境 | 炊事员服饰 | 人员健康 | 卫生条件 | 杀毒剂 | 定置 | 花卉 | 通风 | 衣帽架 | 购置物品 | 购置食品 | 购置蔬菜 | 储藏间 |

# 第五节　供电企业客户服务6S管理标准

供电企业在客户服务方面有着全面的要求，从外在的仪容仪表到内在的服务理念，从有形的服务设施到无形的服务态度，从个体的服务行为到企业的整体服务体系，都对企业发展和提升有着重要影响。6S管理活动以其科学、合理、系统、全面的模式，通过对环境、人员、设备、方法、管理等层面的持续策划、实施、评估、优化和改进，达到人员从思想到行为、从知识到能力、从被动到主动等综合素质的全面提升，实现供电企业服务规范的有效落实，真正实现企业的服务承诺和服务目标。

例如：依据6S管理思想，首先使员工认识到相关服务规范要求设定的条件和前提，理解在企业发展和管理提升中的重要性，引导员工自觉自愿遵守和维护管理规范，通过不断优化提升服务水平，最终实现供电企业优质服务和高素质队伍建设。

以下是供电企业基本的客户服务规范，也可成为导入和开展6S活动的基本依据。随着活动的不断深入和服务水平的提升，服务规范也将由此获得更高的优化和提升。良好的服务形象将为企业树立品牌、提升核心竞争力提供可靠保证。

## 一、诚信服务规范

### 1. 承诺

（1）供电企业公布服务承诺、服务项目、服务范围、服务程序、收费标准和收费依据，接受社会与客户的监督。

（2）从方便客户出发，合理设置供电服务营业网点或代办点，确保服务质量。

（3）根据国家有关法律法规，本着平等、自愿、诚实、信用的原则，以合同形式明确供电企业与客户双方的权利和义务，明确产权责任分界点，维护双方的合法权益。

（4）严格执行国家规定的电费电价政策及收费标准，严禁利用各种方式和手段变相扩大收费范围或提高收费标准。

### 2. 监督

（1）聘请供电服务质量监督员，定期召开客户座谈会，不定期走访客户，听取客户意见，改进供电服务工作。

（2）采用多种形式开展安全供用电宣传。

（3）以实现全社会电力资源优化配置为目标，开展电力需求侧管理和服务活动，减少客户用电成本，提高用电负荷率。

## 二、行为举止规范

### 1. 行为

（1）供电企业员工行为举止应做到自然、文雅、端庄、大方。

（2）站立时，抬头、挺胸、收腹，双手下垂置于身体两侧或双手交叠自然下垂，双脚并拢，脚跟相靠，脚尖微开，不得双手抱胸、叉腰。

（3）坐下时，上身自然挺直，两肩平衡放松，后背与椅背保持一定间隙，不用手托腮或趴在工作台上，不抖动腿和翘二郎腿。

（4）走路时，步幅适当，节奏适宜，不奔跑追逐，不边走边大声谈笑喧哗。尽量避免在客户面前打哈欠、打喷嚏，难以控制时，应侧面回避，并向对方致歉。

(5) 为客户提供服务时，应礼貌、谦和、热情。

(6) 接待客户时，应面带微笑，目光专注，做到来有迎声、去有送声。

(7) 与客户会话时，应亲切、诚恳，有问必答；工作发生差错时，应及时更正并向客户道歉。

2. 态度

(1) 当客户的要求与国家、地方政策、法律法规相悖时，应向客户耐心解释，争取客户理解，做到有理有节；遇有客户提出不合理要求时，应向客户委婉说明，不得与客户发生争吵。

(2) 为行动不便的客户提供服务时，应主动给予特别照顾和帮助；对听力不好的客户，应适当提高语音，放慢语速。

(3) 与客户交接钱物时，应唱收唱付，轻拿轻放，不抛不丢。

## 三、仪容仪表服务规范

1. 仪容

(1) 供电服务人员上岗必须统一着装，并佩戴工号牌。

(2) 保持仪容仪表美观大方，不得浓妆艳抹，不得敞怀、将长裤卷起，不得戴墨镜。

(3) 实行首问负责制。无论办理业务是否对口，接待人员都要认真倾听，热心引导，快速衔接，并为客户提供准确的联系人、联系电话和地址。

2. 接待

(1) 受理用电业务时，应主动向客户说明该项业务需客户提供的相关资料、办理的基本流程、相关的收费项目和标准，并提供业务咨询和投诉电话号码。

(2) 客户填写业务登记表时，营业人员应给予热情的指导和帮助，并认真审核，如发现填写有误，应及时向客户指出。

(3) 客户来办理业务时，应主动接待，不因遇见熟人或接听电话而怠慢客户。如前一位客户业务办理时间过长，应礼貌地向下一位客户致歉。

(4) 值班主任应对业务受理中的疑难问题及时进行协调处理。

3. 时间

(1) 营业人员必须准点上岗，做好营业前的各项准备工作。

(2) 实行限时办结制。办理居民客户收费业务的时间一般每件不超过5分钟，办理客户用电业务的时间一般每件不超过20分钟。

(3) 因计算机系统出现故障而影响业务办理时，若短时间内可以恢复，应请客户稍候并致歉；若需较长时间才能恢复，除向客户说明情况并道歉外，应请客户留下联系电话，以便另约服务时间。

（4）当有特殊情况必须暂时停办业务时，应列示“暂停营业”标牌。

（5）临下班时，对于正在处理中的业务应照常办理完毕后方可下班，下班时如仍有等候办理业务的客户，应继续办理。

## 四、环境要求

1. 场外

（1）环境整洁，有条件的地方，可设置无障碍通道。

（2）营业场所外设置规范的供电企业标志和营业时间牌。

（3）营业场所内应张贴“优质、方便、规范、真诚”的服务标语，公布供电服务项目、业务办理程序、电价表、收费项目及收费标准，公布岗位纪律、服务承诺、服务及投诉电话，设置意见箱或意见簿。

2. 场内

（1）营业场所内应布局合理、舒适安全。

（2）设有客户等候休息处，备有饮用水；配置客户书写台、书写工具、老花眼镜、登记表书写示范样本等；放置免费赠送的宣传资料；墙面应挂有时钟、日历牌；有明显的禁烟标志。有条件的营业场所，应设置业务洽谈区域和电能利用展示区。

（3）营业窗口应设置醒目的业务受理标识。标识一般由窗口编号或名称、经办业务种类等组成。必要时，应设有中英文对照标识，少数民族地区应设有汉文和民族文字对应标识。

（4）具备可供客户查询相关资料的手段。有条件的营业场所，应设置客户自助查询的计算机终端。

## 五、“95598”服务规范

1.“9559”客户服务热线服务项目

（1）停电信息公告、电力故障报修、服务质量投诉、用电信息查询、咨询、业务受理等；

（2）24小时不间断服务。

2.“95598”客户服务热线服务要求

（1）时刻保持电话畅通，电话铃响4声内接听，超过4声应道歉。应答时要首先问候，然后报出单位名称和工号。

（2）接听电话时，应做到语言亲切、语气诚恳、语音清晰、语速适中、语调平和、言简意赅。应根据实际情况随时说“是”、“对”等，以示在专心聆听，重要内容要注意重复、确认。通话结束，须等客户先挂断电话后再挂电话，不可强行挂断。

（3）受理客户咨询时，应耐心、细致，尽量少用生僻的电力专业术语，以免影响与客户的交流效果。如不能当即答复，应向客户致歉，并留下联系电话，经研究或请示领导后，尽快答复。客户咨询或投诉叙述不清时，应用客气周到的语言引导或提示客户，不随意打断客人的话语。

（4）核对客户资料时（姓名、地址等），对于多音字应选择中性词或褒义词，避免使用贬义词或反面人物名字。

3. 报修

（1）接到客户报修时，应详细询问故障情况。如判断确属供电企业抢修范围内的故障或无法判断故障原因，应详细记录，立即通知抢修部门前去处理。如判断属于客户内部故障，可电话引导客户排查故障，也可应客户要求提供抢修服务，但要事先向客户说明该项服务是有偿服务。

（2）因输配电设备事故、检修引起停电，客户询问时，应告知客户停电原因，并主动致歉。

（3）客户打错电话时，应礼貌地说明情况。对带有主观恶意的骚扰电话，可用恰当的言语警告后先行挂断电话，并向值长或主管汇报。

（4）客户来电话发泄怒气时，应仔细倾听并作记录，对客户讲话应有所反应，并表示体谅对方的情绪。如感到难以处理时，应适时地将电话转给值长、主管等，避免与客户发生正面冲突。

4. 回访

建立客户回访制度。对客户投诉，应100%跟踪投诉受理全过程，5天内答复。对故障报修，必要时在修复后及时进行回访，听取意见和建议。

## 六、现场服务纪律

1. 联络

（1）对客户的受电工程不指定设计单位，不指定施工队伍，不指定设备材料供应商。

（2）到客户现场服务前，有必要且有条件的，应与客户预约时间，讲明工作内容和工作地点，请客户予以配合。

2. 进入现场

(1) 进入客户现场时，应主动出示工作证件，并进行自我介绍。进入居民室内时，应先按门铃或轻轻敲门，主动出示工作证件，征得同意后，穿上鞋套，方可入内。

(2) 到客户现场工作时，应遵守客户内部有关规章制度，尊重客户的风俗习惯。

(3) 到客户现场工作时，应携带必备的工具和材料。工具、材料应摆放有序，严禁乱堆乱放；如需借用客户物品，应征得客户同意，用完后先清洁再轻轻放回原处，并向客户致谢。

(4) 如在工作中损坏了客户原有设施，应尽量恢复原状或等价赔偿。

(5) 在公共场所施工，应有安全措施，悬挂施工单位标志、安全标志。

(6) 在道路两旁施工时，应在恰当位置摆放醒目的告示牌。

(7) 现场工作结束后，应立即清扫，不能留有废料和污迹，做到设备、场地清洁。同时应向客户交待有关注意事项，并主动征求客户意见。电力电缆沟道等作业完成后，应立即盖好所有盖板，确保行人、车辆安全通行。

3. 纪律

原则上不在客户处住宿、就餐，如因特殊情况确需在客户处住宿、就餐的，应按价付费。

## 七、抄表收费服务规范

1. 抄表

(1) 供电企业应在规定的日期准确抄录计费电能表读数。

(2) 因客户原因不能如期抄录计费电能表读数时，可通知客户待期补抄或暂按前次用电量计收电费，待下一次抄表时一并结清。确需调整抄表时间的，应事先通知客户。

2. 收费

(1) 供电企业应向客户提供不少于两种可供选择的缴纳电费方式。

(2) 在尊重客户、有利于公平结算的前提下，供电企业可采用客户乐于接受的技术手段、结算和付费方式进行抄表收费工作。

## 八、故障抢修服务规范

1. 故障信息

（1）即时获得电力故障位置信息，提供24小时故障报修服务，对报修请求快速反应、有效处理。

（2）加快故障抢修速度，缩短故障处理时间。有条件的地区应配备用于临时供电的发电车。

2. 时间承诺

（1）接到报修电话后，故障抢修人员到达故障现场的时限：城区45分钟、农村90分钟、边远地区2小时，特殊边远地区根据实际情况合理确定。

（2）因天气等特殊原因造成故障较多不能在规定时间内到达现场进行处理，应向客户做好解释工作，并争取尽快安排抢修工作。

3. 复电

（1）因故对客户实施停电时，应严格按照《供电营业规则》的程序办理。

（2）引起停电的原因消除后应及时恢复供电，不能及时恢复供电的，应向客户说明原因。

## 九、 装表接电及现场检查服务规范

1. 装表接表

供电企业在新装、换装及现场校验后应对电能计量装置加封，并请客户在工作凭证上签章。如居民客户不在家，应以其他方式通知其电表底数。拆卸的电能计量装置应在表库至少存放1个月，以便客户提出异议时进行复核。

2. 工程检查

（1）对客户受电工程的中间检查和竣工检验，应以有关的法律法规、技术规范、技术标准、施工设计为依据，不得提出不合理要求。对检查或检验不合格的，应向客户耐心说明，并留下书面整改意见。客户改正后予以再次检验，直至合格。

（2）用电检查人员依法到客户用电现场执行用电检查任务时，必须按照《用电检查管理办法》的规定，主动向被检查客户出示《用电检查证》，并按“用电检查工作单”确定的项目和内容进行检查。

（3）用电检查人员不得在检查现场替代客户进行电工作业。

3. 校表

（1）供电企业应按规程规定的周期检验或检定、轮换计费电能表，并对电能计量装置进行不定期检查。发现计量装置失常时，应及时查明原因并按规定处理。

（2）发现因客户责任引起的电能计量装置损坏，应礼貌地与客户分析损坏原因，由客户确认，并在工作单上签字。

（3）客户对计费电能表的准确性提出异议，并要求进行校验的，经有资质的电能计量技术检定机构检定，在允许误差范围内的，校验费由客户承担；超出允许误差范围的，校验费由供电企业承担，并按规定向客户退补相应电量的电费。

4. 有偿服务

（1）对产权不属于供电企业的电力设施进行维护和抢修，实行有偿服务的原则。

（2）应客户要求进行有偿服务的，电力修复或更换电气材料的费用，执行省（自治区、直辖市）物价管理部门核定的收费标准。

（3）进行有偿服务工作时，应向客户逐一列出修复项目、收费标准、消耗材料、单价等清单，并经客户确认、签字，付费后，应开具正式发票。

（4）有偿服务工作完毕后，应留下联系电话，并主动回访客户，征求意见。

## 十、 投诉举报处理服务规范

1. 处理程序

（1）规范投诉举报处理程序，建立严格的供电服务投诉举报管理制度。

（2）通过以下方式接受客户的投诉和举报：

1）“95598”供电客户服务热线或专设的投诉举报电话；

2）营业场所设置意见箱或意见簿；

3）客户来信来电；

4）领导对外接待日；

5）其他渠道。

2. 投诉处置

（1）接到客户投诉或举报时，应详细记录具体情况后，立即转递相关部门或领导处置。投诉在5天内、举报在10天内答复或处置。

（2）处理客户投诉应以事实和法律为依据，以维护客户的合法权益和保护国有财产不受侵犯为原则。

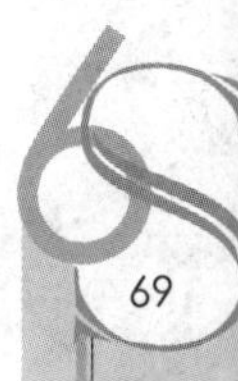

（3）对客户投诉，无论责任归于何方，都应积极、热情、认真地进行处理，不得在处理过程中发生内部推诿、扯皮或敷衍了事的情况。

（4）建立对投诉举报客户的回访制度。及时跟踪投诉举报处理进展情况，进行督办，并适时予以通报。

（5）严格保密制度，尊重客户意愿，满足客户匿名请求，为投诉举报人做好保密工作。

（6）对隐瞒投诉举报情况或隐匿、销毁投诉举报件者，一经发现，严肃处理。

（7）保护投诉举报人的合法权利。对打击报复投诉举报人的行为，一经发现，严肃处理。





# 第六节　220千伏线路保护检修（安装）现场6S管理工作卡

变电站名称：________________________

设备　名称：________________________

装置　型号：________________________

定检　内容：________________________

通知单编号：________________________

工程负责人：________________________

检修　日期：________________________

**使用说明**

本卡是针对220kV线路保护、检修（安装）工作制定的，目的是使检修（安装）质量、安全、文明生产的各个环节的工作规范化，对人员、材料、工器具、安全教育等方面的工作程序和要求作了具体规定，明确在检修现场如何进行6S管理。

本卡由工程负责人根据现场工作内容和进度随时填写，并对数据的正确性负责。

现场6S管理保护装置检修（安装）工序图如图7–7所示。

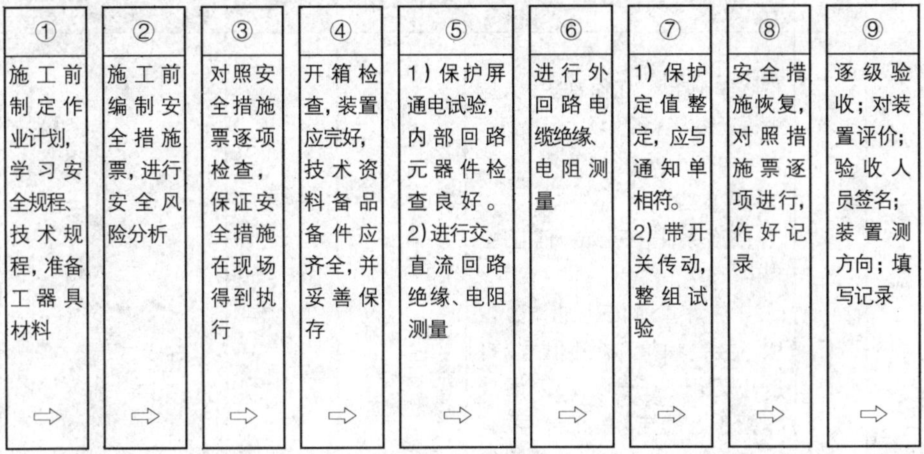

| ① | ② | ③ | ④ | ⑤ | ⑥ | ⑦ | ⑧ | ⑨ |
|---|---|---|---|---|---|---|---|---|
| 施工前制定作业计划，学习安全规程、技术规程，准备工器具材料 ⇨ | 施工前编制安全措施票，进行安全风险分析 ⇨ | 对照安全措施票逐项检查，保证安全措施在现场得到执行 ⇨ | 开箱检查，装置应完好，技术资料备品备件应齐全，并妥善保存 ⇨ | 1）保护屏通电试验，内部回路元器件检查良好。2）进行交、直流回路绝缘、电阻测量 ⇨ | 进行外回路电缆绝缘、电阻测量 ⇨ | 1）保护定值整定，应与通知单相符。2）带开关传动，整组试验 ⇨ | 安全措施恢复，对照措施票逐项进行，作好记录 ⇨ | 逐级验收；对装置评价；验收人员签名；装置测方向；填写记录 ⇨ |

图7–7　现场6S管理保护装置检修（安装）工序图

## 一、现场6S管理（整理）——检修前准备

| √ | 序号 | 工作内容 | 标　准 | 责任人 | 备　注 |
|---|---|---|---|---|---|
|  | 1 | 检修前1天，工程负责人根据工作任务，分析设备现状，明确检修项目，编制检修工作安全措施，熟悉图纸资料及上次定检报告等资料 | 确定重点检修项目 |  | 班长或技术员审核 |
|  | 2 | 检修前1天，工程负责人和材料员检查并落实检修所需材料、工器具、劳动防护用品等是否齐全合格 | 工器具齐全完备 |  | 班长或技术员审核 |
|  | 3 | 检修前1天，工程负责人了解工作班成员精神状态，组织工作班成员学习《安全工作规程》及施工安全措施 | 分工明确，安全措施齐全 |  | 班长或技术员监督 |

| √ | 序号 | 工作内容 | 标　准 | 责任人 | 备　注 |
| --- | --- | --- | --- | --- | --- |
| | 4 | 按照作业计划，工作票签发人应根据工作内容和现场实际情况，及时向有关单位提申请<br>工作票内容：<br>（1）工作条件（停电或不停电）：停电；<br>（2）注意事项（安全措施）：取下控制保险，拉开信号、打压小刀闸，在开关及刀闸操作把手上悬挂“禁止合闸，有人工作”的标示牌。工作现场设“在此工作”标示牌，相邻运行保护屏设红布幔，与高压运行设备带电部位保持3m（220kV）、1.5m（110kV）、1.0m以上（35kV）安全距离 | 工作票内容正确，措施完善 | | |

## 二、现场6S管理（整顿）——人员工作标准

A. 人员工作标准（开工会完成）

- 精神状态良好；具备必要的电气知识，并经安规考试合格；进入工作现场，穿合格工作服、工作鞋。
- 戴好安全帽；工作中应互相关心施工安全，及时纠正违反安全的行为，明确工作任务、工作地点、安全事项，明确临近带电部位、虎口部位。

工程负责人（签名）：　　　　工作班成员（签名）：

B. 到场人员监督项目

| 序号 | 监督项目 | 序号 | 监督项目 |
| --- | --- | --- | --- |
| 1 | 检查工作票填写是否正确 | 2 | 检查现场安全措施正确、齐全 |

| 3 | 监督现场工作是否规范 | 4 | 检查工作班人员精神状态良好 |
|---|---|---|---|
| 5 | 检查工作班是否已进行开工会并交待安全注意事项 | 6 | 检查现场工作是否标准、规范，作业有无违章现象 |
| 7 | 监督工程负责人是否履行职责 | 8 | 协调各专业之间工作 |
| 9 | 工作票办理终结后，检查人员、工器具是否及时撤离工作现场，现场是否清洁 | 10 | |
| 车间： | 日期： | 部室： | 日期： |

## 三、现场6S管理（清扫）——检修工器具、材料

| A. 检修工器具 | | | | | |
|---|---|---|---|---|---|
| 序号 | 名称 | 规格 | 单位 | 数量 | 质量状态 |
| 1 | CT试验专用仪 | | 台 | 1 | 合格 |
| 2 | 继电保护综合试验箱 | | 个 | 1 | 合格 |
| 3 | 电缆盘(带触电保安器) | | 盘 | 2 | 合格 |
| 4 | 个人工具（万用表、各种螺丝刀、各种钳子，烙铁） | | 套 | 5 | 合格 |
| 5 | 专用试验仪 | MPT试验仪 | 个 | 1 | 合格 |
| 6 | 试验线 | | 包 | 2 | 合格 |
| 7 | 万用表 | | 块 | 2 | 合格 |
| 8 | 摇表 | （1000V、500V） | 块 | 2 | 合格 |
| 9 | 标签机 | | 台 | 1 | 合格 |
| 10 | 拔、插器 | | 个 | 1 | 合格 |
| 11 | 图纸 | | 套 | 1 | 合格 |
| 12 | 检修规程 | 校验规程 | 套 | 1 | 合格 |
| 13 | 定检报告 | (上一次) | 套 | 1 | 合格 |
| 14 | 记录纸 | | 本 | 3 | 合格 |
| 15 | 对讲机 | | 对 | 1 | 合格 |
| 16 | 线号机及线号管 | | 个 | 1 | 合格 |
| B. 备品备件 | | | | | |
| 序号 | 名称 | 规格 | 单位 | 数量 | 质量状态 |
| 1 | | | | | |
| 2 | | | | | |
| 3 | | | | | |

续表

| 4 | | | | | |
|---|---|---|---|---|---|
| 5 | | | | | |
| 6 | | | | | |
| C. 检修材料表 | | | | | |
| 序号 | 名称 | 规格 | 单位 | 数量 | 质量状态 |
| 1 | 毛刷 | | 把 | 4 | 合格 |
| 2 | 多芯软铜线 | $4mm^2$ | m | 50 | 合格 |
| 3 | 手套 | | 副 | 10 | 合格 |
| 4 | 独股线 | 1.5mm | m | 50 | 合格 |
| 5 | 独股线 | 2.5mm | m | 50 | 合格 |
| 6 | 塑料扎头 | 60mm | 包 | 1 | 合格 |
| 7 | 塑料扎头 | 200mm | 包 | 1 | 合格 |
| 8 | 螺丝、平垫圈、弹簧垫圈 | | | 若干 | 合格 |
| 9 | 绝缘胶布 | | 盘 | 2 | 合格 |
| 10 | 螺丝 | 5×30 | 套 | 20 | 合格 |
| 11 | 螺丝 | 8×20 | 套 | 8 | 合格 |

## 四、现场6S管理（安全）——安全措施票

| 站名 | | 班组 | 继电保护 | 时间 | 年　月　日 |
|---|---|---|---|---|---|
| 工作任务和地点 | 110kV　保护装置检修（安装） | | | | |

| √ | A. 安全风险分析 | |
|---|---|---|
| | 1 | 人员、物体越过围栏，易发生人员触电事故；与运行一次设备距离不足3.0m有发生触电可能 |
| | 2 | 电缆敷设时不认真，硬拉、硬拽，运行中有拉伤电缆、造成保护、开关误动的可能 |
| | 3 | 工作人员精神状态不良，易造成人员受伤及设备损坏 |
| | 4 | 保护传动配合不当，易造成人身伤害及设备事故 |
| | 5 | 现场使用工具不当，易造成低压触电 |
| | 6 | 现场使用通讯工具造成人员精力不集中，容易造成人员、设备损伤事故 |
| | 7 | 检查回路不仔细，容易产生寄生回路，粗心大意，易造成误诊定 |
| | 8 | CT接线属于登高作业，应扎安全带 |
| | | |
| | | |

续表

<table>
<tr><td>站名</td><td colspan="2"></td><td>班组</td><td>继电保护</td><td>时间</td><td>年　月　日</td></tr>
<tr><td>√</td><td colspan="6">B. 安全措施</td></tr>
<tr><td></td><td>1</td><td colspan="5">工作负责人加强监护，工作班成员互相监督，必要时设专人监护</td></tr>
<tr><td></td><td>2</td><td colspan="5">二次接线严格按图施工，防止错漏线</td></tr>
<tr><td></td><td>3</td><td colspan="5">检查安全措施票内容是否有遗漏</td></tr>
<tr><td></td><td>4</td><td colspan="5">传动时设专人通知有关班组暂时离开被传动设备，并在被传动设备处监护</td></tr>
<tr><td></td><td>5</td><td colspan="5">使用绝缘工具，应带绝缘手套</td></tr>
<tr><td></td><td>6</td><td colspan="5">检查检修电源漏电保安器动作正确，保险齐全，容量适当</td></tr>
<tr><td></td><td>7</td><td colspan="5">工作期间严禁使用手机、BP机；保护间内严禁使用无线通讯工具</td></tr>
<tr><td></td><td>8</td><td colspan="5">在二次设备上工作防止二次回路短路、接地、误碰等，使用的工具金属部分必须采取可靠的绝缘措施</td></tr>
<tr><td></td><td>9</td><td colspan="5">对每个回路进行认真传动，杜绝寄生回路。认真核对定值，不发生误诊定</td></tr>
<tr><td></td><td>10</td><td colspan="5"></td></tr>
<tr><td></td><td>11</td><td colspan="5"></td></tr>
</table>

<table>
<tr><td colspan="5">C. 现场工作要求（工作人员对所承担工作任务、质量要求、安全措施明确后签名）</td></tr>
<tr><td>序号</td><td colspan="2">工作内容</td><td>结果（填写是否合格或实测值）</td><td>工作人员</td></tr>
<tr><td>1</td><td colspan="2">施工材料准备及管理</td><td></td><td></td></tr>
<tr><td>2</td><td colspan="2">安全措施票的制定与执行</td><td></td><td></td></tr>
<tr><td>3</td><td colspan="2">二次电缆附设</td><td></td><td></td></tr>
<tr><td>4</td><td colspan="2">二次电缆绝缘测量（要求值≥10MΩ）</td><td>实测值</td><td></td></tr>
<tr><td>5</td><td colspan="2">二次电缆做头</td><td></td><td></td></tr>
<tr><td>6</td><td colspan="2">测量保护屏内两回路之间及各回路对地绝缘（要求值≥10MΩ）</td><td>实测值</td><td></td></tr>
<tr><td>7</td><td colspan="2">测量整个回路的绝缘（要求值≥1.0MΩ）</td><td>实测值</td><td></td></tr>
<tr><td>8</td><td colspan="2">保护屏耐压试验（新安装设备试验项目）</td><td></td><td></td></tr>
<tr><td>9</td><td colspan="2">装置通电试验</td><td></td><td></td></tr>
<tr><td rowspan="2">10</td><td rowspan="2">二次电缆查线</td><td>室内联络电缆查线(必须查两遍)</td><td></td><td></td></tr>
<tr><td>室内外电缆查线(必须查两遍)</td><td></td><td></td></tr>
</table>

| 站名 | | 班组 | 继电保护 | 时间 | 年　月　日 |
|---|---|---|---|---|---|
| 11 | 电缆二次接线要求：<br>1） 接线整齐、无误；<br>2）电缆屏蔽必须良好接地；<br>3）电流端子联片良好，接触压紧，各开关、按钮、电缆标示清楚；<br>4）接线完毕后必须清理干净现场 | 室内 | 保护屏接线 | | |
| | | | 控制屏接线 | | |
| | | | 录波器屏接线 | | |
| | | 室外 | 开关端子箱接线 | | |
| | | | 开关机构箱接线 | | |
| | | | CT电缆接线 | | |
| | | | 刀闸辅助接点接线 | | |
| | | 其他部位接线 | | | |
| | | | | | |
| | | | | | |
| | | | | | |
| | | | | | |
| 12 | CT二次回路直流电阻测量 | | | | |
| 13 | 保护装置调试、定值整定、整组实验 | | | | |
| 14 | 安全措施票恢复 | | | | |

## 五、现场6S管理（清洁、素养）——检修工作实施

| A. 开工 | | | |
|---|---|---|---|
| 序号 | 内容 | 工作班成员 | 工作负责人 |
| 1 | 工程负责人会同工作许可人检查安全措施的执行情况，工作许可人办理开工手续 | | |
| 2 | 开工会：工作班成员必须戴安全帽，穿工作服和绝缘鞋，由工作负责人带领进入工作现场。工作负责人详细交待工作任务、安全措施和注意事项；工作班成员人人明确工作范围、进度、安全、技术等要求，在工作任务分工栏签字后，方可宣布开工 | | |
| 3 | 工程负责人在工作过程中，经常检查安全措施票落实情况 | | |

| B. 保护屏和控制屏清扫 | | | |
|---|---|---|---|
| 安全措施：防止走错间隔，工具用绝缘胶布包扎好，两人一起工作 | | | |
| 序号 | 检修内容 | 工作标准 | 执行人 |
| 1 | 保护屏清扫检查 | 装置外壳无灰尘，印刷电路板元件无松动、烧伤等异常。端子排接线无松动，保护压板无异常。通电后液晶显示清晰 | |
| 2 | 控制屏清扫检查 | 控制把手等无灰尘。端子排接线无松动，信号灯及光子牌无损坏，保险底座无异常。操作灵活，位置指示准确，机械强度、绝缘良好 | |
| 3 | 端子箱、机构箱清扫检查 | 箱内无灰尘，二次线接触良好，辅助开关切换良好（有防雨措施），压力接点动作灵活，二次回路检查无异常，箱体密封良好 | |
| 4 | CT端子箱清扫检查 | 箱内无灰尘，二次线接触良好，二次回路检查无异常，箱体密封良好 | |

| C. 安全措施票的执行（在现场得到执行后，工作负责人逐项打“√”） | | | | | |
|---|---|---|---|---|---|
| 注意事项及工作标准: | 回路拆、接线应防止电压回路接地、短路；防止电流回路开路（拆除电流回路时先测量回路无电流后再断开）直流回路工作时应防止低压回路触电及短路。工作时戴手套，有专人监护；断开线头用绝缘胶布包好，并作好记录；应恢复的线头及时恢复，并经第二人复查 | | | | |
| 序号 | 内容 | 执行人 | 序号 | | 执行人 |
| 1 | 断开交流电压A610、B610、C610、L610、N600 | | 2 | 断开交流电压A620、B620、C620、L620、N600 | |
| 3 | 断开跳闸线37A、37B、37C及合闸线7A、7B、7C | | 4 | 断开至母差的失灵起动回路 | |
| 5 | 断开预告信号母线1、2YBM，3、4YBM | | 6 | 断开至故障录波器的开关量输入 | |
| 7 | 断开交流电流（保护、母差、录波、测量）回路 | | 8 | 断开母差跳闸及大电流联切跳闸回路 | |

| D. DCS保护校验 | | | | | |
|---|---|---|---|---|---|
| 序号 | 校验项目 | 具体校验内容 | 备注 | 检查结果 | 执行人 |
| 1 | 逆变电源检验 | 电源电压在正常范围之内 | | | |
| 2 | 通电初步检验 | 液晶显示完好，键盘操作正确，打印机联机正确，软件核对正确，通电24小时无异常 | | | |
| 3 | 定值整定 | 定值整定输入正确，波轮功能正常 | 核对定值打印报告与要求值一致(定值报告见附页) | | |
| 4 | 开关量输入回路检验 | 输入正常，液晶显示正确 | | | |
| 5 | 模数转换系统检验 | 零漂在误差要求范围之内 | | | |
| 6 | 保护精度检验 | 精度符合保护要求 | | | |
| 7 | 保护定值检验 | 保护正确动作，定值在误差范围之内 | 打印主保护动作报告 | | |
| 8 | 输出触点和信号检查 | 输出检点动作正确，信号显示正确 | | | |
| 9 | | | | | |

| E. 保护回路及带开关传动（901A、902C） | | | | |
|---|---|---|---|---|
| 安全措施：传动时设专人通知有关班组暂时离开被传动设备，并在被传动设备处监护 | | | | |
| 序号 | 内　容 | 要　求 | 检查结果 | 执行人 |
| 1 | 开关闭锁及信号回路 | 动作可靠正确，信号正确 | | |
| 2 | 各侧电压切换回路 | 动作可靠正确，信号正确 | | |
| 3 | 保护反向出口故障检验 | 动作可靠良好，并跳开关一次，信号正确 | | |

续表

| 4 | 传动项目 | | 实验条件 | 投压板 | 动作情况 | |
|---|---|---|---|---|---|---|
| | 距离 | 相间距离Ⅰ段 | AB、BC、CA相分别通电流$I$，阻抗$\Omega$ | 距离压板LP | AB、BC、CA相分别瞬时动作，跳位灯亮，显示故障相、时间及“Z1” | |
| | | 相间距离Ⅱ段 | AB、BC、CA相分别通电流$I$，阻抗$\Omega$ | 距离压板LP | AB、BC、CA相分别　秒动作，跳位灯亮，显示故障相、时间及“Z2” | |
| | | 相间距离Ⅲ段 | AB、BC、CA相分别通电流$I$，阻抗$\Omega$ | 距离压板LP | AB、BC、CA相分别　秒动作，跳位灯亮，显示故障相、时间及“Z3” | |
| | | 接地距离Ⅰ段 | A、B、C相分别通电流$I$，阻抗$R$ | 距离压板LP | A、B、C相分别瞬时动作，跳位灯亮，显示故障相、时间及“Z1” | |
| | | 接地距离Ⅱ段 | A、B、C相分别通电流$I$，阻抗$R$ | 距离压板LP | A、B、C相分别　秒动作，跳位灯亮，显示故障相、时间及“Z2” | |
| | | 接地距离Ⅲ段 | A、B、C相分别通电流$I$，阻抗$R$ | 距离压板LP | A、B、C相分别　秒动作，跳位灯亮，显示故障相、时间及“Z3” | |
| | 零序保护 | 零序Ⅱ段 | A、N相通电流$I$ | 零序Ⅱ段压板LP | 保护　秒动作，跳位灯亮，显示跳闸时间及“L02” | |
| | | 零序Ⅲ段 | A、N相通电流$I$ | 零序Ⅲ段压板LP | 保护　秒动作，跳位灯亮，显示跳闸时间及“L03” | |

续表

| | 传动项目 | | 实验条件 | 投压板 | 动作情况 | |
|---|---|---|---|---|---|---|
| 5 | 主保护 | 突变量方向 | 二次通电流$I$，阻抗值$R$ | 高频压板LP | 保护 秒动作，跳位灯亮，显示“D++” | |
| | | 另序方向 | 二次通电流$I$ | 高频压板LP<br>另序压板LP | 保护 秒动作，跳位灯亮，显示“0++” | |
| | | 工频变化量 | 二次电流$I$，阻抗值$R$ | | 保护 秒动作，跳位灯亮，显示“I3” | |
| 6 | PT断线 | | $I$=0A；$U$=48V | | 做不对称故障，“PT断线”灯亮，显示“PTDX”10秒后返回，“PT断线”灯亮 | |
| 7 | 重合闸 | | AB相通电流$I$，阻抗值$R$ | 高频、距离、跳闸、合闸压板 | 当显示“CD∶1”时，模拟AB相故障，开关跳闸，经 秒开关重合成功，合位灯亮，音响信号正确 | |
| | | | AN相通入电流$I$，阻抗值$R$ | 高频、零序、跳闸、合闸压板 | 当显示“CD∶1”时，模拟A相故障，开关跳闸，经 秒开关重合成功，合位灯亮，音响信号正确 | |
| 8 | 三相不一致保护 | | AN相通入电流$I$ | 投不一致压板<br>跳闸压板 | 当其中一相开关跳开时，故障电流持续通入，经 秒其余两相开关跳开，跳位灯亮，音响信号正确 | |

| F. 二次回路绝缘遥测 | | | | | | | | | |
|---|---|---|---|---|---|---|---|---|---|
| 安全措施：测试时通知有关人员暂停在回路上的一切工作，并拆除交流接地点 | | | | | | | | | |
| 序号 | 内　容 | 要求值 | 实测值 | 执行人 | 序　号 | 内　容 | 要求值 | 实测值 | 执行人 |
| 1 | +kM—地 | ≥10MΩ | | | 4 | 交流电流回路—地 | ≥1MΩ | | |

续表

| 序号 | 内　容 | 要求值 | 实测值 | 执行人 | 序　号 | 内　容 | 要求值 | 实测值 | 执行人 |
|---|---|---|---|---|---|---|---|---|---|
| 2 | -kM—地 | ≥10MΩ | | | 5 | 跳闸出口—地 | ≥10MΩ | | |
| 3 | 交流电压回路—地 | ≥1MΩ | | | 6 | | ≥　MΩ | | |

G. CT二次回路直流电阻测量

安全措施、注意事项及要求：防止CT二次回路开路；CT三相直流电阻值相差在10%误差范围之内；CT二次回路极性正确

| 序号 | 内容 | 盘上 | | | 盘下 | | | 极性测量 | 执行人 |
|---|---|---|---|---|---|---|---|---|---|
| | | AN | BN | CN | AN | BN | CN | | |
| 1 | 母差回路测量 | | | | | | | | |
| 2 | 保护回路测量 | | | | | | | | |
| 3 | 计量回路测量 | | | | | | | | |
| 4 | 录波回路测量 | | | | | | | | |

H. 安全措施的恢复

| 序号 | 内　容 | 安全措施及注意事项 | 要　求 | 执行人 |
|---|---|---|---|---|
| 1 | 恢复交流电压线 | 防止PT接地、相间短路 | 压接端子时位置正确，压力适当，并作好记录 | |
| 2 | 恢复跳闸线37A、37B、37C及合闸线7A、7B、7C | 防止低压触电 | 压接端子时位置正确，压力适当，并作好记录 | |
| 3 | 恢复预告信号母线1、2、3、4YBM | 防止低压触电 | 压接端子时位置正确，压力适当，并作好记录 | |
| 4 | 恢复至故障录波器的开关量输入 | 防止低压触电 | 压接端子时位置正确，压力适当，并作好记录 | |
| 5 | 恢复交流电流（保护、母差、录波、测量）回路 | 防止电流回路开路 | 压接端子时位置正确，压力适当，并作好记录 | |
| 6 | 恢复母差跳闸及大电流联切跳闸回路 | 防止低压触电 | 压接端子时位置正确，压力适当，并作好记录 | |

续表

| I. 收尾工作 | | |
|---|---|---|
| 序号 | 内　容 | 执行人 |
| 1 | 工作中严格执行工作标准卡制度，并履行签字手续 | |
| 2 | 全部工作结束，检修人员清扫、整理现场，工作负责人待全体人员撤离现场后，向参加验收人员讲清所修项目、发现问题及处理情况等，填写检修记录，办理工作终结手续 | |

## 六 、现场6S管理（整顿）——检修工作小结

| 定值改动记录 | |
|---|---|
| 接线改动记录 | |
| 二次元件更改记录 | |
| 消除的缺陷及遗留问题 | |

## 七 、现场6S管理（素养）——验收

| 对保护装置检修（安装）的评价： | |
|---|---|
| 工作负责人（签名）： | 变电值班员（签名）： |
| 验收人员（签名）：<br>验收主持人（签名）：<br>参加验收人员（签名）：<br>年　　月　　日 | |

# 第八章
# 现场作业区6S管理要求

## 第一节 办 公 室

### 一、整理

- 办公室定期整理，把物品乱放乱堆的现象彻底改变过来。
- 避免办公室充斥着不使用的物品，引起误踏或绊倒。

### 二、整顿

- 将文件按类型、编号顺序排列，用文件夹套装，并作标识，方便取用。
- 尖锐的物件如割刀、剪刀及钉子容易弄伤员工，应单独存放。

### 三、清扫

- 每天都要清扫办公室，不要忘记抹桌子，不要遗漏“死角”。
- 垃圾积聚能引致细菌滋生及蔓延，所有垃圾桶应该每天清倒。

### 四、清洁

- 保持窗明净几，环境舒适，工作间设计应考虑人体功效学原理。
- 站在装有滑轮的座椅上是十分危险的，员工在高处取文件时，要使用稳固扶梯。
- 在玻璃门的适当位置上张贴标志，以免员工撞向玻璃引致意外。

### 五、素养

- 工作守时，小声说话，工作井井有条。
- 待人接物，注重仪容仪表。

### 六、安全

- 避免电插座负荷过重，引起火灾。
- 提举物件时要采用正确姿势，以减低背部受伤危险。
- 拉开了的文件柜会把人绊倒及撞伤，使用后应立即关好。





## 第二节　厂房、车间

### 一、整理

- 各种设备按图定置，不用的物品即时搬走，以免阻塞救火设备。
- 将碎铁杂物、夹杂易燃液体的废布分别放于指定的地点，方便丢弃。

### 二、整顿

- 不应随意把电线横置于通道上，以免绊倒行人或拉翻机器。
- 易燃物品须储存于适当的密闭容器内，而容器又须安放于金属柜或箱内，以减少溅漏时发生火灾危险。
- 气罐必须稳固地垂直放置，远离高温工作的地方。

### 三、清扫

- 厂房内地面不应有油污水渍，以免工作人员滑倒。
- 机器满布油渍的部位应定期清理，以确保工作场所清洁。
- 锋利的铁丝或损坏品应及时清扫，避免造成伤害。

### 四、清洁

- 各种设备、物品排放有序，高低适宜，保持清洁。
- 拧紧已松脱的电线护盖，尽量使用透明盖子，方便检查工作。
- 所有残破的电箱应由有资格的电工进行维修，维修人员应将电掣开关锁好并加上警告牌，表示有人工作。

## 五、素养

- 遵规守纪，工作精力集中。
- 不应在工场内佩戴太阳眼镜。

## 六、安全

- 不应在工场内抽烟，以免发生火灾危险。
- 坚持使用个人防护工具（手套、耳塞、安全帽）。
- 发现安全防护栏破损，立即报告修理。

# 第三节　施工场地

## 一、整理

- 施工场地，杂物繁多，经常整理，不断调整。
- 把不用的物品、材料放入仓库或丢弃处理。

## 二、整顿

- 各类材料分区存放，施工机械集中排队。
- 电线从高处架置，避免在地上拖曳受损，引致触电意外。

## 三、清扫

- 施工垃圾经常清理，道路打扫干净。
- 木板上的钉子及其他尖锐物体应尽早清除，以避免刺伤员工。

## 四、清洁

- 文明施工，文明处事，减少污染，降低噪声。
- 楼边须加设稳固护栏和踏脚板，以避免工人从高处坠下。
- 总电制箱应装漏电断路器、防水插座和电路图，每个开关掣应有清楚标识，以方便员工识别。

## 五、素养

- 不在场地内穿拖鞋，应穿着安全鞋，以避免足部受伤。

- 进入场地佩戴安全帽，养成习惯。

## 六、安全

- 吊运材料、设备，要用坚固吊索，在吊钩上加设安全扣，防止吊索滑出，发生意外。
- 吊车司机确保无人走近吊运范围才开始吊重工作，避免物件在吊运时坠下伤人。

# 第四节　仓　库

## 一、整理

- 仓库物品种类繁多，经常整理，把过期失效物品清理出去。
- 把不需要用的木块搬走，以免阻塞救火通道，影响火警逃生。

## 二、整顿

- 货品应整齐叠起，不占通道，经常检查是否移位，以防因货物叠放过高而塌下伤人。
- 需要使用的卡板应整齐排列，避免有空隙使人绊倒。
- 应在屋内划线，以便区分通道及储货区的范围，减少碰撞危险。

## 三、清扫

- 地面不应有水渍、油污，任何溅漏应尽快清理，以免有滑倒危险。
- 不要忘记箱柜边角的清扫。

## 四、清洁

- 设备经常擦试，物品经常清扫，保持库房有序状态。
- 急救箱须清楚标识并妥善保养，指定人员主管，维持足够的急救用品。

## 五、素养

- 操作铲车搬运货物不可过高，以免影响操作员视线，引发意外。
- 在工作场所内不可嬉戏，切勿把压缩空气射向自己或同事。

## 六、安全

- 发现窗户毁坏，及时报修，以免伤及员工。
- 搬运时须采取正确搬运姿势，避免弄伤背部。

# 第五节　试验室

## 一、整理

- 试验室内不应放置与试验无关的物品、材料，经过整理予以清除。
- 玻璃碎片不能丢入废纸篓，应存放于适当容器，以免割伤人员。
- 化学品的存放量应尽量减少，避免因化学品储存不善而导致意外。
- 过期药品适时处置。

## 二、整顿

- 不要随意把盛满化学品的容器放在工作台上，避免因员工随便使用而造成意外。
- 试验仪器、化学药品各得其位，有毒无毒，标识清晰。

## 三、清扫

- 试验室地板经常用清水清洗，消除有害物质。
- 化学品储存及使用区域要保持清洁，任何溅漏应尽快处理，以免引致滑倒意外。

## 四、清洁

- 凡可能产生化学品烟雾或粉尘的试验，应在抽气柜内进行，以减少员工吸入有害气体的危险。
- 盛装化学品的容器须张贴安全标签，标明化学品名称、危害性及预防措施。

## 五、素养

- 员工在使用化学品时应使用个人防护用具，例如手套、围裙及眼罩等，以免受到危险化学品的伤害。

- 应经常检查化学品的标签有否损毁、是否有溅漏及破损迹象。
- 不应在实验室内奔走嬉戏，以免碰撞仪器、药品。

### 六、安全

- 员工不可用口吸取化学品，应用泵吸，以免受化学品伤害。
- 化学品柜门应经常关闭，以免产生碰撞意外。
- 不应把食物放在危险化学品附近，以免食物受到污染。

## 第六节　厨　房

### 一、整理

- 厨房物品，经常变换，必须定期整理。
- 把不需要用的货品搬走，以免阻塞救火通道，影响火警逃生。

### 二、整顿

- 食物入柜，生熟分类储存。
- 地拖不应横放于通道上，应有合适位置摆放。
- 煮食器具堆叠过高，极易引起塌落，应分层放置。

### 三、清扫

- 地上积水应尽快清除，以减少滑倒危险。
- 食物渣滓应尽快清除，以免影响环境卫生。

### 四、清洁

- 厨房必须天天打扫，才能保持清洁。
- 厨房应有妥善的抽风系统，保持工作环境舒适。

### 五、素养

- 厨房员工着装干净，带围裙，常洗手。
- 炉柜门应经常保持关闭，以免引致碰倒或灼伤意外。
- 煮食时要集中精神，注意炉火，避免火灾发生。

## 六、安全

- 刀具应经常保持向下，交谈时切勿拿起刀具，易生危险。
- 搬运碟子时切勿堆叠过高，以免阻碍视线增加碰撞及绊倒危险。
- 厨房出口应有标识，以确保员工在火警时能安全迅速撤离。
- 特别注意食物安全，遵守相关规则。

# 第七节　电力设施

电力企业最重要的就是电力设施的安全运行，只有这样，才能保障发、供、配电企业生产系统正常运转，保证大客户和社会正常用电。

通过导入6S管理，可以使电力企业电力设施从“经常发生故障头疼”状态中解脱出来，达到“零故障”运行，满足顾客的需要。

## 一、整理

- 按照各种设施的操作指导书要求，每日工作要对所有电力设施建立“工作状态质量记录”，对主要关键参数指标进行监控，通过SPC（统计过程控制）统计参数进行分析，找出异常波动缺陷状态，达到提前预控。
- 每天上班和交接班，必须确认所有设施是否存在异常问题。
- 将发生故障点多的位置或部件，设置定点监控。
- 对电力设施要经常清理故障点。

## 二、整顿

- 电力设施维护部门做好设备的定点巡视及监控。
- 操作部门要做好定期维护、保管及问题点监控。
- 经常故障点要及时清除。
- 操作部门经常巡视、检查电力设施是否损坏、丢失。
- 保证电力设施的完好。

## 三、清扫

- 按照电力设施的要求，定期做好电力设施维护保养计划，发现并解决电力设施的"故障发生源"。

- 对经常出现问题的"故障点"要及时清理隐患，杜绝"故障发生源"的再次发生。
- 对于检修电力设施，按照结构顺序进行分解拆修，对重点部位，要重点清扫"发生源"的存在。

## 四、清洁

- 在前3个S的管理基础上，保证电力设施运行的安全性及其"零故障"、"零缺陷"运行。
- 建立电力设施的维护管理体系，保证有针对性和重点的维护保养。

## 五、素养

- 员工上岗前衣帽整齐，各种工具安全可靠，执行自检、互检、专检，消除不安全因素。
- 按施工定置图，摆放好工器具、材料及其车辆。
- 作业施工现场讲团结互作，不许打架、喝酒、吵闹，文明作业。
- 收工后（下班后）按照6S管理制度或作业指导书要求，保持现场整洁有序，处理污染物及垃圾。
- 室外施工，保护环境，不损坏他人物资及周边环境。
- 对待他人讲文明、讲礼貌。

## 六、安全

- 电力设施安全是保证作业现场及施工人员的安全保障；
- 建立电力设施安全危险点作业指导书；
- 电力设施中使用工具及材料的安全和危险性确定与监控；
- 现场施工的定置图和安全配套图的确定及视觉标识应用；
- 电力设施运行中的安全监控管理，采用统计技术分析，达到提前预控故障发生。

**附件1**

| 现行版本：A | 受控号： |
| --- | --- |

# ××省××供电公司企业标准

QC/272—ZY.002—2006

## 6S管理作业指导书

2006-05-20发布　　　　2006-06-01实施

××省××供电公 司　发布

# 目 次

## 前 言

为在本公司推行先进的6S管理法，规范配电工区各班组的作业行为，特制定本作业指导书。

本作业指导书根据Q/ZDL/T 6S.1－2006《电力企业6S管理规范》和本公司《6S管理手册》的要求编写，是公司《6S管理手册》的支持性文件。

本指导书附录A、附录B是规范性附录。

本指导书由公司6S推进办公室归口。

本指导书起草人：×××

本指导书审核人：×××

本指导书批准人：×××

本指导书是本公司第一次发布。

本指导书现行修订状态：A/0。

# 6S管理作业指导书

QC/272-ZY.002-2006　　　　修改码：0

## 1 范围

本作业指导书适用于本公司生产运行、检修、输、配、变电各部门的6S活动的管理与控制。

## 2 规范性引用文件

下列文件中的条款通过本文件的引用而成为本文件的条款，凡是注明日期的引用文件，其随后所有的修改或修改版均不适用于本文件。本文件出版时，所示版本均为有效。

GB/T 19001-2000　　质量管理体系　要求

GB/T 24001-2004　　环境管理体系　要求及使用指南

GB/T 28001-2001　　职业健康安全管理体系　规范

Q/ZDL/T6S.1-2006　　《电力企业6S管理规范（试行）》

QC/272-GL.001-2006　　6S管理手册

## 3 术语和定义

下列术语适用于本文件。

3.1　**整理：**腾出空间，将工作中必要的和不必要的东西分开，尽快处理掉不必要的东西，防止误用。

3.2　**整顿：**将必要的东西分类，定位，摆放整齐，明确标识，一目了然，能在30秒内取出所需物品。

3.3　**清扫：**清除脏污，保持工作场所干净整洁。

3.4　**清洁：**将以上三项做法制度化、规范化，维持已取得的成果。

3.5　**素养：**提升人的品质，任何人都按照制度行事，养成良好的工作习惯，营造团队精神。

3.6　**安全：**人人树立安全防范意识，遵章守纪，消除事故隐患，建立有效的安全管理体系，确保安全生产。

# 4　职责

工区主任：领导本工区的6S管理工作，负责策划，组织人员，提供资源，与公司联络。

组长：组织本班组贯彻执行公司的6S管理手册，制定本组的6S管理作业文件，参与工区的6S活动检查与考核。

员工：按照6S作业指导书的要求工作，经常整理、整顿自己的工作环境、物品和资料，并按规定清扫，保持清洁。

# 5　策划

## 5.1　确定6S活动目标

本工区实施6S管理，目的是创造安全、舒适、洁净、和谐的工作环境，促进配电检修工作标准化、流程化、可视化，增强团队意识，提升全员企业文化素质，确保产品质量，为客户提供满意服务。2006年的目标是获得公司的金奖。

## 5.2　成立配电工区6S推进组织机构

组长：×××

组员：李××　孙××　于××　王××　李××　金××

## 5.3　实施范围

配电工区的6S活动实施范围包括：

a) **办公区环境：** 公共卫生区、车辆停放区、导线区、设备区、办公楼前厅、安全暴光栏、楼梯、门窗、卫生间、垃圾桶、消防箱、消防器材、宣传画、标牌、公告栏、卫生用具、电气控制箱。

b) **办公室及其物品：** 门、门牌、办公桌椅、脸盆、衣架、毛巾、窗、玻璃、窗帘、墙壁、天花板、地面、灯具、沙发、茶几、茶杯、抽屉、文件柜、花卉、上墙图表、钟表、6S看板、公告板、岗位标示牌、清扫用具、电脑、音箱、打印机、饮水机、空调、垃圾篓、电话、烟具、私人物品、笔筒。

c) **文件资料：** 各种记录、通知、公文、规程、书籍、电子文档。

d) **库房：** 材料、工器具、仪器仪表、货架、安全带、安全帽、安全绳、脚扣、工作服、鞋、工具柜。

e) **作业现场：** 着装、看板、安全围栏、警示标志、工器具、材料、设备、开工会、收工会、安全检查、风纪镜、作业实施的全过程。

f) 个人行为规则与客户服务过程。

# 6 实施

## 6.1 办公及公共区

### 6.1.1 环境保洁

采用“卫生清扫表”进行检查控制，其要点是：

——卫生区内无堆积树叶、垃圾、积水，垃圾车及时清理；路面平整完好，盖板齐全无破损，下水道排水畅通。

——树木花草及时浇水、施肥、修剪、灭虫，清除枯枝残叶。

——夜间照明灯定时开闭，及时维修损坏灯具。

### 6.1.2 车辆停放

——划分自行车、摩托车、汽车停放区，行驶路线、车位线、停车线，禁停标志明显。

——本单位车辆定位停放，客户车辆划定停放区。

### 6.1.3 导线设备

——按绝缘导线区、电缆区、变压器区、电瓷区划分四类区域，使用围栏圈定并标识。

——导线盘、变压器要进行标识。

——各类区域物品摆放整齐，防止移动伤人。

——及时处理废线盘，保持小区卫生。

### 6.1.4 办公楼

——楼层分布图、违章暴光栏、宣传栏完整良好，内容及时更新，无灰尘。

——各楼层、楼道、楼梯、门厅、地面、墙面、公告板、门窗完好，表面无灰尘、无污渍，墙面上各类开关、插座、控制箱完好，无灰尘。

——楼层、客户导向、禁止吸烟、安全出口、门牌、楼梯防止踏空线等标识齐全完好。

——消防通道保持畅通，消防器材保持良好，定位摆放，干净整齐，不得随意遮挡、挪作他用，在有效期内，安全警示标志清晰完好，责任明确。

——洗手池、厕所无积灰、积水、烟头、纸屑，无卫生死角，墙面干净无积灰，便池无积垢、无异味，各种水龙头开关完好，拖把、簸箕、垃圾篓定位摆放，完好干净，下水道畅通。

——公告板整洁、无灰尘，及时清理过期通知，专人负责。

## 6.2 办公室及其物品

### 6.2.1 整理与定位

把与办公无关的物品从办公室清除出去，定位摆放各类物品，绘制办公室定置图，钉于门后，底边框距离地面1.6米；办公桌上物品的定置采用行迹定置法，下班前将物品按定置图摆放。

### 6.2.2 卫生要求

——地面无垃圾、杂物、污物，清洁无破损。

——墙面干净，无污垢、蛛网，上墙图表整齐美观。

——灯具、饮水机、空调洁净，状态完好。

——窗子、玻璃明亮干净、无破损，窗台无堆放物品，门窗上禁贴无关纸张。

——每日进行清扫和检查并记录。

### 6.2.3 电器

——开关、电器插座无安全隐患，电源线、电话线、计算机连接线走线合理，整齐美观，方便清扫，无灰尘。

——电脑、复印机等办公设备严格遵守操作规定，确保设备与人身安全。

### 6.2.4 办公桌

——办公桌上的小文件柜可存放常用或临时的文件资料，分类定置摆放，标识清楚易于查找。

——抽屉内存放日常办公常用的最低限量用品，如裁纸刀、钉书机、墨水、胶水等，应按行迹定置摆放，整齐有序，物品高度不得超出2/3抽屉高度，并防止开关抽屉时滑动。

——工作结束或离开办公室前关闭灯具、计算机、饮水机及其电源，以节约能源。

### 6.2.5 文件柜

——透明化，统一规格，柜外张贴文件柜的定置图，标明负责人及其照片。

——柜内物品如各类记录、文件、规程、书籍等分区存放，分区标识。

——文件柜顶或柜后不得堆放杂物。

——文件夹定位放置，摆放整齐，分类标识，易于存取。

——可根据需要采用“待处理文件”、“处理中文件”、“已处理文件”三类文件夹。

——岗位标示牌采用桌面放置式。

#### 6.2.6 花卉

花盆与办公室协调一致，定位放置，采用图示法明确浇水、松土、施肥、修剪频率的责任人，花盆周边无泥土和落叶。

### 6.3 文件资料

#### 6.3.1 管理原则

——文件有纸质文件和电子文件两类。

——不重复保管，一种文件只在一个位置上保管，但保管好原件。

——分类归档，取放方便，能在30秒内取出所要的文件。

——采用统一的A4纸张和统一的文件夹。

—— 编制文件清单，式样见附录A。

#### 6.3.2 规定文件保存期限

不同类型的文件保存期限不一样，见表1。

表1 文件保存期限表

| 资 料 类 别 | 保存期限 |
|---|---|
| 城网改造图纸资料，客户安装竣工资料，设备说明书，管理手册，程序文件，作业指导书，技术规程，法律法规，规章制度，QC成果，技术报告，论文，主设备的试验记录，电力安全技术 | 长期 |
| 生产计划，活动记录，会议记录，停电记录，带电作业记录，巡视记录，考勤表，公文等 | 1年 |
| 两措计划与总结，报告报表，工器具试验记录 | 2年 |

#### 6.3.3 文件使用办法

——在首页建立目录，必要时每一类设一张分页纸，便于查找。

——图纸按竣工次序建立目录，每个工程图纸应编号，以便于查找。

——设备说明书按厂家和设备类别整理，装入文件袋中，编号，建立目录。

——对有价值的重要文件资料，应特别注明。

——工作日志，巡线记录应随时整理入档，每月汇总一次的资料可临时存放在小资料柜内，月底进行汇总装订，正式入档。

——文件增加或变更时，要及时更新目录索引，确保文件的有效性。

——目视化管理，一目了然，用线条颜色加以区分。

——由专人每月清理清扫一次文件柜，防虫、防潮、防火、防盗，对经常使用的文件进行必要的维护，损坏或遗失的文件要及时修补，专人保管文件柜钥匙。

——发行新版本文件时，及时回收并销毁旧版本文件。

——养成良好的文件使用习惯，爱护文件，用完后及时归位。

——安全性：在恰当的地方及时间使用正确的文件。

——保密性：适当的人在恰当的范围内使用文件。

——受控文件严禁复印。

——文件借阅必须填写借阅记录表（附录B）。

### 6.3.4 电子文件的管理

——每台电脑都必须安装防病毒软件、办公自动化软件，确保运行良好。

——电子文件应分类建立文件夹，以年度—月份—日期顺序进行文件命名。

——电脑的启动盘不得存储文件，重要文件应定期备份，备份在不同的硬盘上或不同的计算机上。

——通过办公自动化软件接收的有价值的文件应及时拆离至相应的文件夹中。

## 6.4 库房

——将库房中损坏的工器具、废线头、垃圾清除出去。

——留下的物品确定其定置位置和存放方法。

——工具柜采用透明化管理，个人工器具如安全带、帽脚、扣腰带、安全绳、验电器、工作服鞋等采用行迹法确定在工作柜中的位置，接地线梯子、工具应列资产档案卡片，定置放置。

——仓库中常用的材料，常用的放在最方便取放的货架上，按照仓库管理的要求五五摆放，建立卡片，做到账、卡、物相符；摇表、万用表、各类仪表应建立卡片，定置放置。

——看板管理，颜色管理。

——编制库房定置图，划线确定货柜区和工器具区。

## 6.5 客户服务

### 6.5.1 服务规范

——树立全员全过程为客户服务的理念。

——行为举止规范，按6S管理手册的要求执行。

——首问负责制，无论办理业务是否对口，接待人员都要认真倾听，热心引导，快速衔接，并为客户提供准确的联系人、联系电话和地址。

——临下班前，对于正在处理中的业务应照常办理完毕后方可下班，下班时如仍有等候办理业务的客户，应继续办理。

——实行限时办结制，各类业务办理时限见表2。

表2　　　　　　　　　　　　供电服务限时办结表

| 序号 | 业务类别 | 时　限 |
| --- | --- | --- |
| 1 | 收费业务 | 5分钟 |
| 2 | 客户业扩报装，电压不正常及其他需求的回应时限 | 5分钟 |
| 3 | 客户紧急故障处理到达现场时间 | 城区45分钟<br>农村90分钟 |
| 4 | 10kV紧急抢修恢复电力供应 | 5小时 |
| 5 | 低压客户抢修恢复电力供应 | 2小时 |

### 6.5.2　故障抢修

——向公众提供24小时电力故障保修服务，对电力抢修做到快速反应，有效处理。配备临时供电的发电车，加快故障抢修速度，缩短故障处理时间。

——遇有故障停电，值班人员将故障地点、现象、联系人及联系电话记入值班记录，并立即派人前往处理；若属客户内部故障，可帮助客户排查故障，也可应客户要求提供抢修服务，但要事先向客户说明该服务是有偿服务。

——应客户要求进行有偿服务的，电力修复或更换电气材料的费用，执行物价管理部门核定的收费标准，应向客户逐一列出修复项目、收费标准、消耗材料、单价等清单，并经客户确认签字，付费后应开具正式发票。

——故障抢修过程中，客户询问时应告诉客户停电原因，并主动道歉。

——因天气等特殊原因造成故障不能在规定时间内恢复送电时，应向客户做好解释工作，并争取尽快安排抢修工作。

### 6.5.3　业扩工程

——业扩工程由业扩专工总协调，按业扩工作管理制度执行。

——到客户现场工作时，应携带必备的工具材料，工具材料应摆放有序，严禁乱扔乱放。

——工作结束后，应立即清扫，不能留有废料和污迹，做到设备场地清洁，同时应向客户交代有关注意事项，并主动征求客户意见。

——电力电缆沟道等作业完成后，应立即盖好所有盖板，确保行人车辆安全。

——在公共场所施工，应有安全措施，悬挂施工单位安全标志和礼貌用语，在道路两旁施工时，应在恰当位置摆放醒目的告示牌。

## 6.6 作业现场

### 6.6.1 基本要求

——工作负责人根据工作类别填写工作票，经审核签发后执行；

——选择相应的6S作业现场看板；

——作业人员着装，对照风纪镜检查符合要求；

——根据看板所列的工具材料表进行准备；

——核查工具材料完好适用，符合安全要求；

——将工具材料装车，前往现场；

——对照看板布置图布置现场，如设置现场看板、围栏，摆放工具垫、工具材料等；

——作业人员列队整齐，由工作负责人宣读工作票，交代安全措施、注意事项、危险点分析；

——由安全员或工作负责人检查作业人员的着装，工器具符合要求，安全措施完整；

——按标准化作业指导书步骤进行现场工作；

——清点工器具数量、完好情况，清扫现场；

——收工后，由工作负责人进行总结，指出存在的问题，提出整改措施；

——将工器具装车，运回，工作结束。

# 7 检查

6S管理成效如何，能否坚持，关键在于要不断进行检查。6S管理的检查分三级：

1）个人及各班组每日清扫，班组长自检，填写检查记录；

2）车间或部门对班组的检查，每月一次，打分、考核、挂牌；

3）公司6S推进小组每半年组织一次对全公司各部门的大检查，进行6S评价、考核并挂牌。

# 8 改进

每级检查以后，都会发现问题，责任部门应分析原因，进行整改。

改进意见的信息来源于各个方面，如内部检查、外部审核、客户反馈意见、主管部门意见、行业协会意见等，应善于利用这些信息进行统计分析，通过公司管理评审，作出持续改进的决策。

## 9 相关文件

QC/272—CX·001—2006　　《6S管理控制程序》。

## 10 记录

表3　　　　　　　　　　　　记录表单

| 附录 | 编　号 | 名　称 | 保存地点 | 保存期 |
|---|---|---|---|---|
| A | QC/272—ZY.002—001 | 文件清单 | 各部门 | 保持最新版本 |
| B | QC/272—ZY.002—002 | 文件借阅记录单 | 档案室 | 三年 |

制表：　　　日期：　　　审核：　　　日期：

附录A

(规范性附录)

××供电公司文件清单

QC/272—ZY.002—001　　　　部门:　　　　编号:

| 序号 | 文件名称 | 档案号 | 数量 | 来源 | 备注 |
| --- | --- | --- | --- | --- | --- |
| | | | | | |
| | | | | | |
| | | | | | |
| | | | | | |
| | | | | | |
| | | | | | |
| | | | | | |
| | | | | | |
| | | | | | |
| | | | | | |
| | | | | | |
| | | | | | |
| | | | | | |
| | | | | | |
| | | | | | |
| | | | | | |
| | | | | | |
| | | | | | |
| | | | | | |
| | | | | | |
| | | | | | |
| | | | | | |
| | | | | | |
| | | | | | |

制表:　　　　日期:　　　　审核:　　　　日期:

# 附录B

（规范性附录）

## ××供电公司文件借阅记录单

QC/272—ZY.002—002　　　　　　　　编号：

| 序号 | 文件名称 | 借阅时间 | 借阅人 | 归还时间 |
|---|---|---|---|---|
| | | | | |
| | | | | |
| | | | | |
| | | | | |
| | | | | |
| | | | | |
| | | | | |
| | | | | |
| | | | | |
| | | | | |
| | | | | |
| | | | | |
| | | | | |
| | | | | |
| | | | | |
| | | | | |
| | | | | |
| | | | | |
| | | | | |
| | | | | |
| | | | | |
| | | | | |
| | | | | |
| | | | | |

制表：　　　　日期：　　　　审核：　　　　日期：

# 附件2　电力企业现场6S管理活动照片

## 一、发电厂现场

附图1　现场作业区域与操作定点、定置

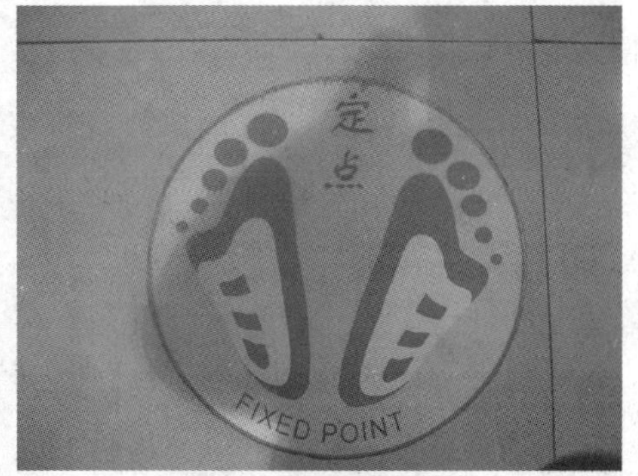


附图2　定点脚印痕迹

附图3　发电现场安全操作定置区

附图4　4A级检修现场防护

附图5　5号机小机油泵检修现场防护及定置摆放(一)

附图6　5号机小机油泵检修现场防护及定置摆放(二)

附图7 循环水泵电机检修过程中将打开的管接头进行密封防护

附图8 检修现场设备标识及地面标识的防护

附图9 5号机A级检修现场安全栅栏

附图10 严格执行监理制度

附图11 A级检修现场改造前的蓄电池组

附图12 A级检修现场改造后的蓄电池组

附图13　更换前蝶阀间隙很大，无法满足系统隔离要求

附图14　5号主变压器蝶阀更换

附图15　精细化管理花园式发电厂区一角

附图16　6S宣传板

附图17　岗前现场仪容仪表安全检查—风纪镜

附图18　消防器材放置区域与安全阻塞线

附图19　设施区域放置定位线

附图20　管道颜色目视管理

附图21　阀门手柄目视管理

附图22　仪表目视管理

附图23　生产现场定放置与区域划分

附图24　厂区导引牌

附图25　保持作业现场清洁

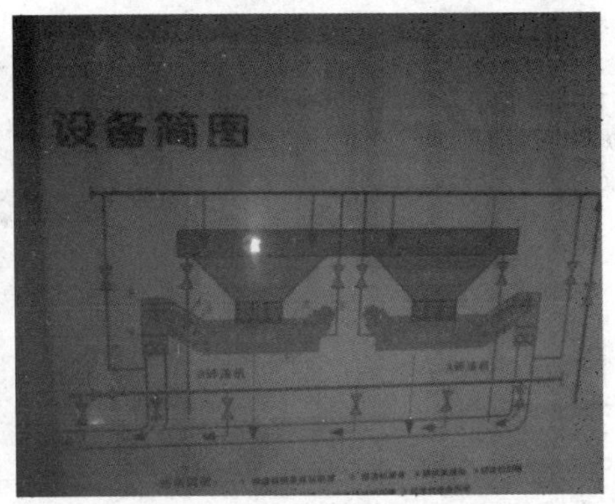


附图26　设备检修看板管理图

## 二、变电站现场

附图27　某花园式变电站一角

附图28　安全检修通道斑马警示线

附图29　变电站现场安全巡视路线及各种警示标识

附图30　变电站某工作室消防器材定置区域

附图31　工作室内地缆沟安全盖板警示标识

附图32　保护屏设施安全警示线标识

附图33　工具库房目视管理

附图34　工作室定置区域管理

附图35、附图36　现场卫生洁具定置管理

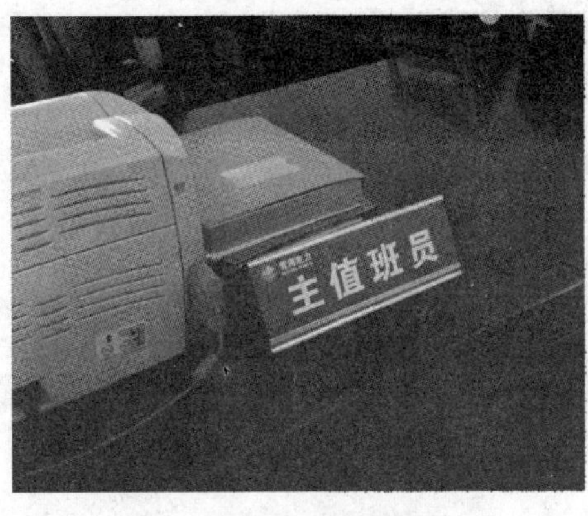


附图37　实行三定管理视觉标识

附图38　工作间工作台三定管理视觉标识

附图39、附图40　实行三定管理柜、帽视觉标识

附图41、附图42　工作室内电源及其开关安全警示标识

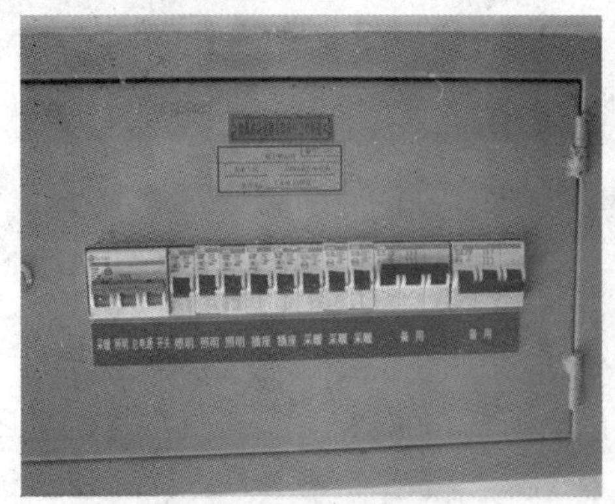

附图43　电源开关三定目视管理

附图44　禁止烟火

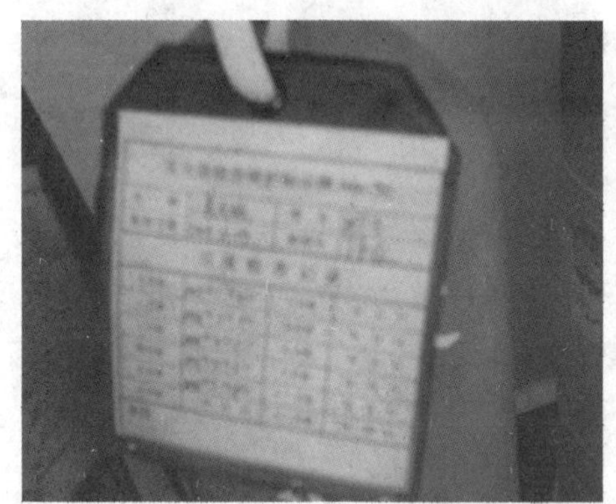

附图45　消防器材三定看板管理

附图46　安全警示标识看板管理

附图47　车辆交通出入安全警示标识

附图48　仓库目视管理

附图49　仓库目视管理

附图50　变电站现场安全标识管理

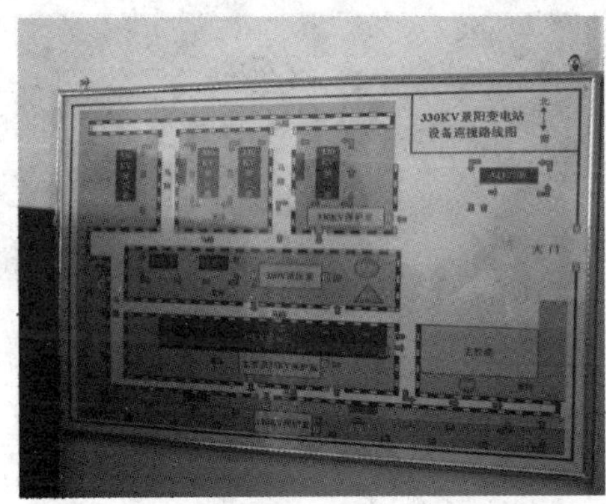


附图51　变电站区域定置管理、目视管理看板

附图52　工器具放置视觉标识管理

## 三、作业班组现场

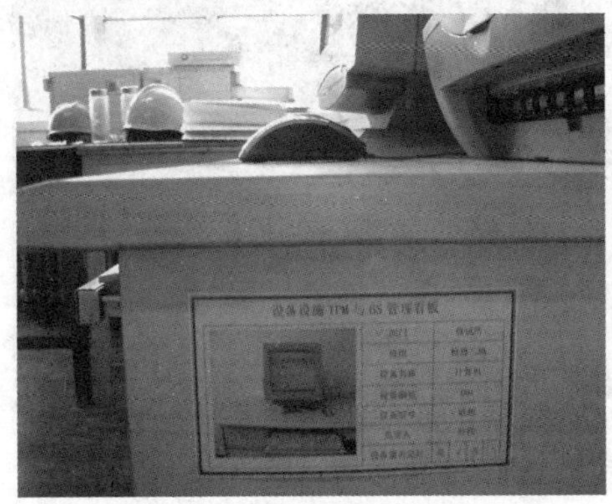

附图53　作业班组定置管理、目视管理看板

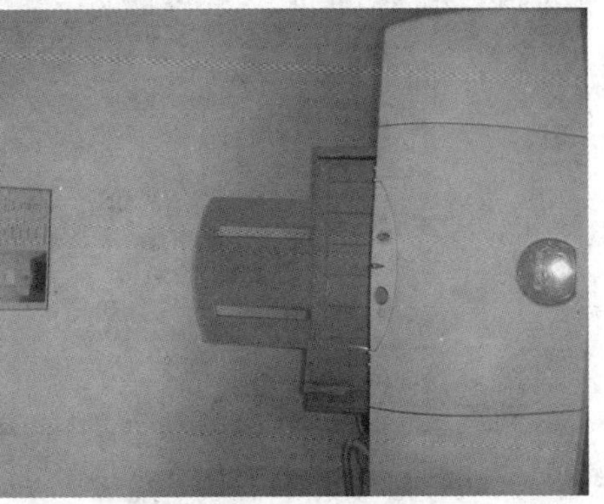

附图54　打印机放置视觉标识管理

附图55　资料柜定置管理、目视管理看板

附图56　仓库物品放置视觉标识管理

附图57　仓库小件物品定置管理、目视看板

附图58　仓库物品放置视觉标识管理

附图59　仓库物品三定置目视管理

附图60　仓库物品三定置视觉标识管理

附图61　仓库物品三定置目视管理

附图62　调度大厅定置视觉标识管理

附图63　办公桌椅定置目视行迹管理

附图64　定置视觉标识管理

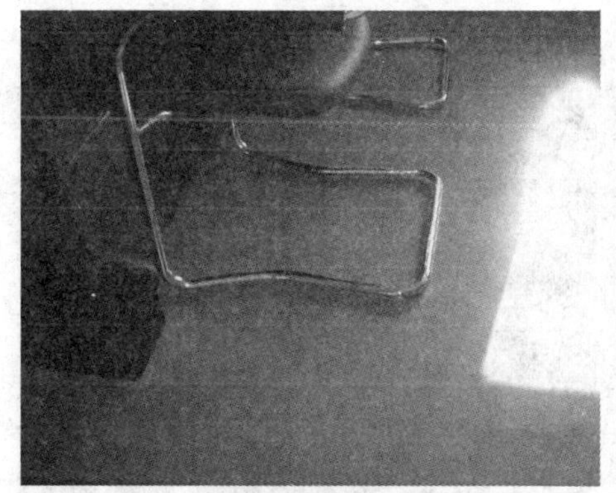

附图65　办公桌椅定置目视形迹管理

附图66　定置视觉标识管理

设备设施TPM与6S管理看板

| 部门 | 调度中心 | | | |
|---|---|---|---|---|
| 班组 | 运行方式 | | | |
| 设备名称 | 打印机 | | | |
| 设备编号 | 010 | | | |
| 设备型号 | 爱普生 | | | |
| 负责人 | 崔南南 | | | |
| 设备是否完好 | 是 | √ | 否 | |

附图67　打印机定置目视形迹管理看板

设备设施TPM与6S管理看板

| 部门 | 调度中心 | | | |
|---|---|---|---|---|
| 班组 | 主任 | | | |
| 设备名称 | 计算机 | | | |
| 设备编号 | 001 | | | |
| 设备型号 | 联想 | | | |
| 负责人 | 张海宁 | | | |
| 设备是否完好 | 是 | √ | 否 | |

附图68　电脑定量目视形迹管理看板

## 四、配电工区现场

附图69　改善前文件资料状态

附图70　改善后文件资料定置视觉标识管理

附图71、附图72　改善前班组仓库状态

附图73　改善后班组仓库状态

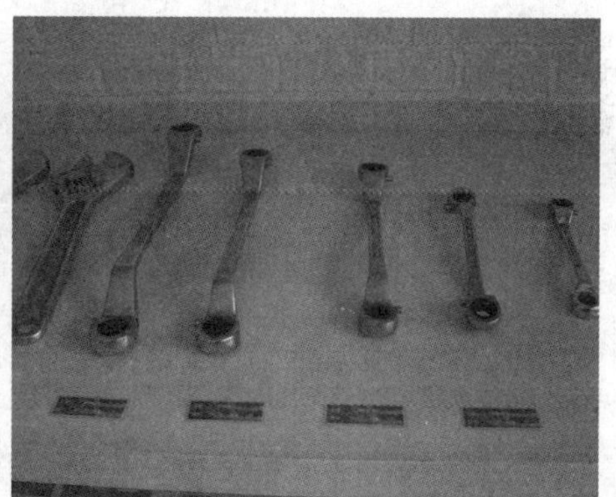

附图74　改善后工具定置视觉标识管理

附图75　作业现场的管理改善前状态

物品摆放乱、无序，无从下手。

找东西分不清楚，影响工作效率。

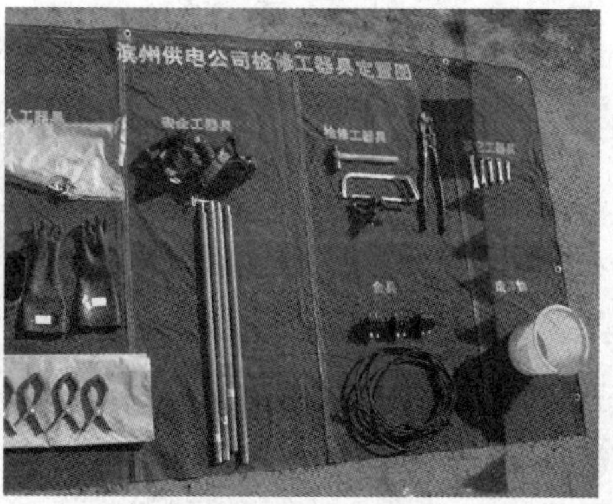


附图76　作业现场的管理改善后状态

定置与颜色管理，各归其位，一目了然。

编目检索、标识，迅速可以找出所要物品。

附图77　改善后6S管理看板管理状态

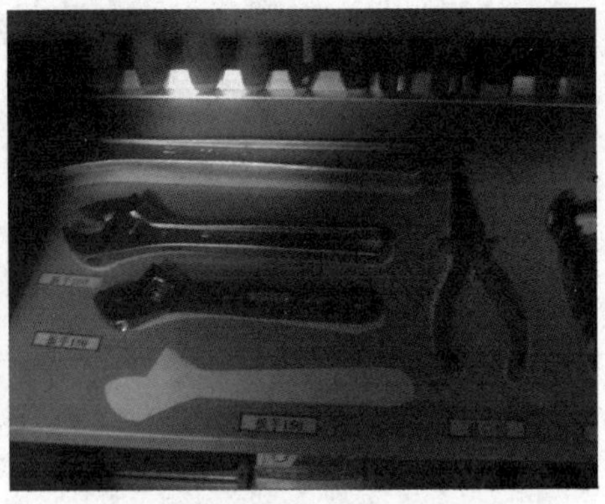

附图78　改善后工具定放置状态

附图79　改善前变电所现状

附图80　改善后变电所现场目视管理

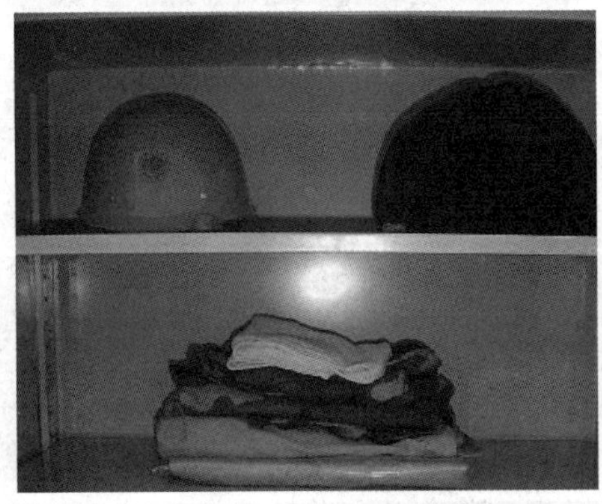

附图81　改善后仓库物品定置视觉标识管理

附图82 改善后工具、物品定置视觉标识管理

附图83　改善前班组办公状态

附图84　改善后办公定置视觉标识管理

附图85　改善前班组办公状态

附图86　改善后办公桌椅定置视觉标识管理

附图87　班组去现场前着装对照风纪镜整理仪容仪表

附图88　班组花卉现场定置管理

## 五、线路设施检修班现场

附图89　停车场改善前状态

附图90　停车场改善后定置视觉标识管理状态

附图91　班组3级库房改善前管理图片

附图92　班组3级库房改善后定置视觉标识管理状态

附图93　班组3级库房改善前管理图片

附图94　班组3级库房改善后定置视觉标识管理状态

附图95 班组3级库房改善前管理图片

附图96 班组3级库房改善后定置视觉标识管理状态

附图97 班组工作室卫生洁具改善前管理图片

附图98 改善后洁具定置视觉标识管理状态

## 六、办公区现场

附图99 工作室卫生洁具改善前管理图片

附图100 改善后洁具定置视觉标识管理状态

附图101　文件资料盒改善（横向标签）

附图102　文件资料盒标示改善（纵向标签）

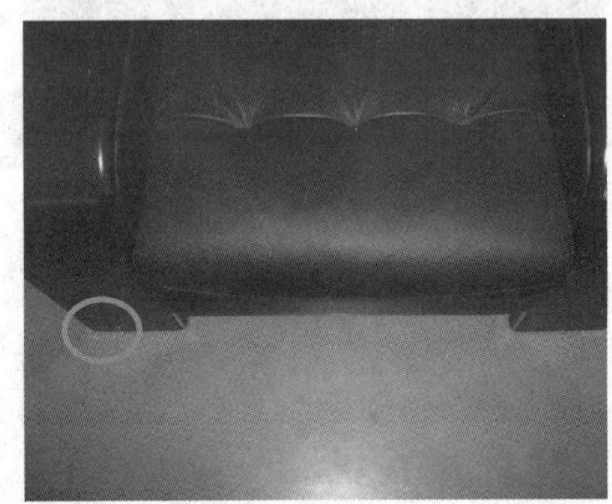
附图103　沙发定置改善

附图104　会议室定置标示改善

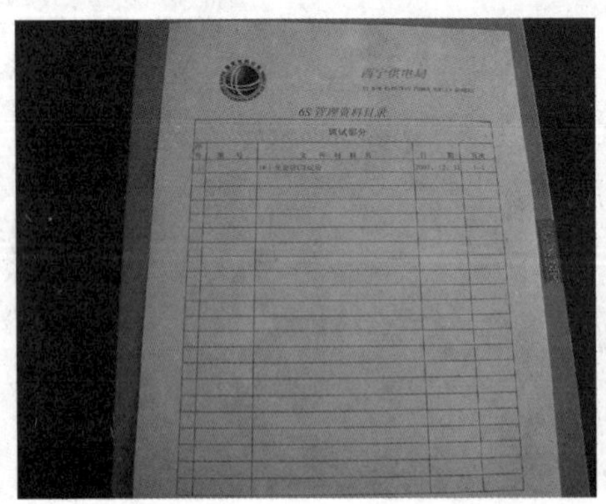
附图105　文件资料盒目录改善

附图106　文件资料盒标示改善

附图107　办公室环境改善

附图108　文件资料标示改善

附图109　花卉形迹标示改善

附图110　水杯形迹标示改善

附图111　办公区域目视管理改善

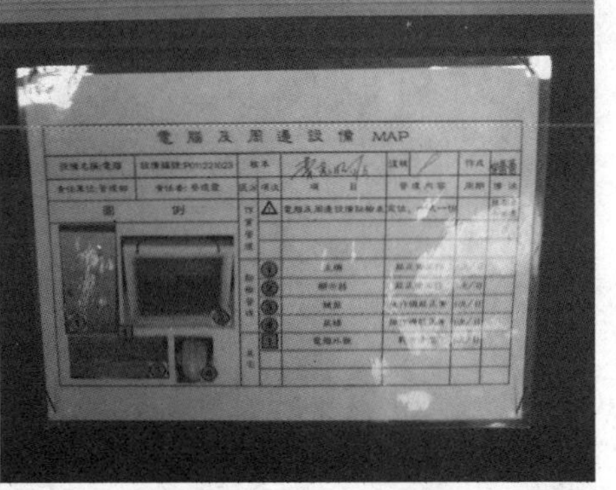


附图112　电脑设施看板改善

附图113　办公区域人员去向目视管理看板

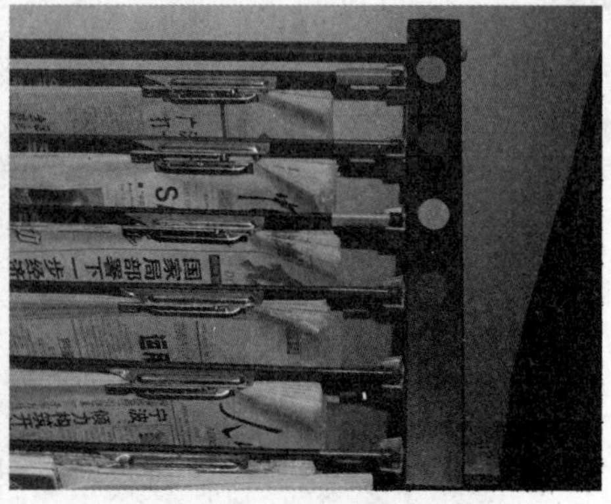

附图114　报纸设施颜色目视管理

附图115　办公生活区域目视管理

附图116　办公桌设施目视管理

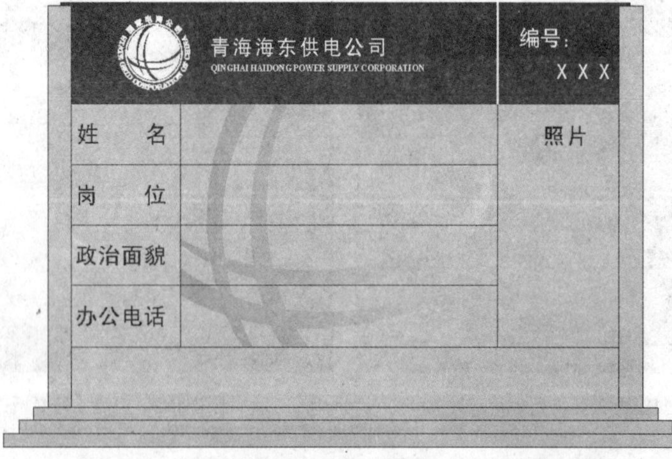


附图117　办公区域岗位标示牌2 (桌子摆放式):目视管理看板

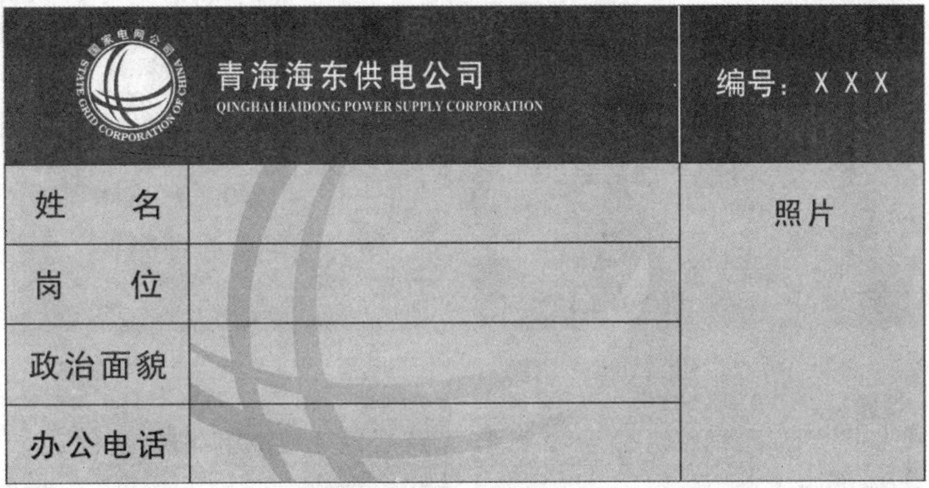

| 青海海东供电公司 QINGHAI HAIDONG POWER SUPPLY CORPORATION | | 编号：XXX |
|---|---|---|
| 姓　　名 | | 照片 |
| 岗　　位 | | |
| 政治面貌 | | |
| 办公电话 | | |

附图118　办公区域岗位标示牌目视管理看板视觉标识案例
岗位标示牌1 (粘贴式): 尺寸(14.5×7.5)㎝

附图119　办公室导引目视牌

附图120　卫生设施定置目视管理

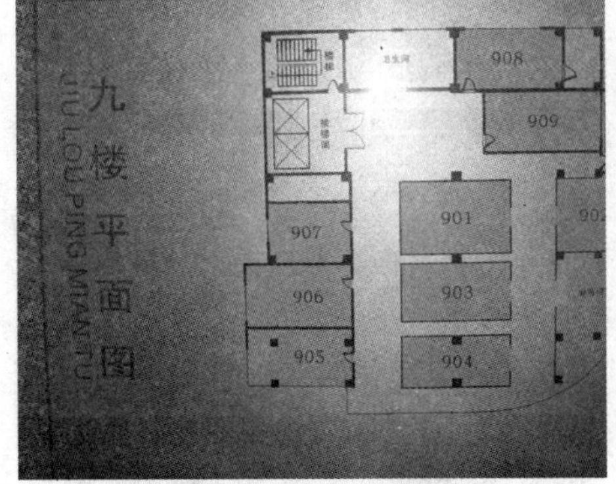


附图121　办公楼层导引目视牌

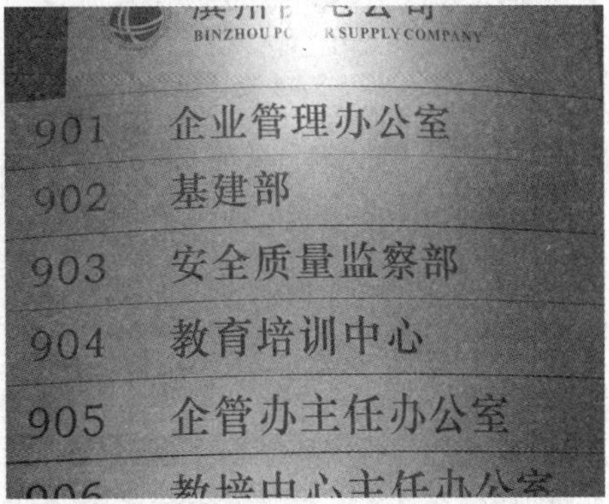

BINZHOU PO R SUPPLY COMPANY
901　企业管理办公室
902　基建部
903　安全质量监察部
904　教育培训中心
905　企管办主任办公室

附图122　办公楼层导引目视牌定置目视管理

附图123　办公室层导引目视牌

附图124　办公楼层接待室定置目视管理

附图125　办公室层电源开关定置目视管理

附图126　办公室定置目视管理

附图127　办公室资料柜定置目视管理

附图128　办公室三定置目视管理

附图129　办公室资料柜定置目视管理

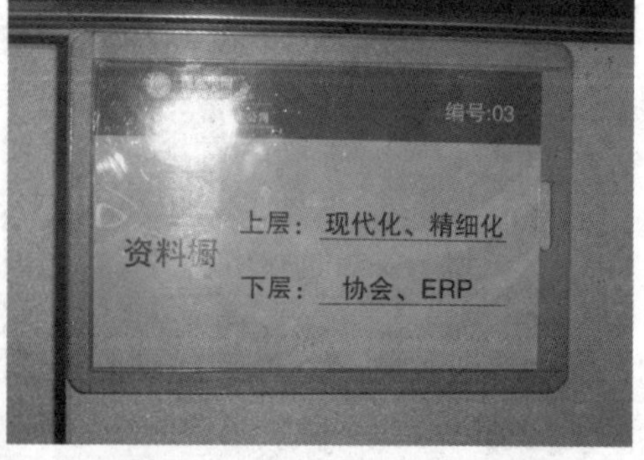


附图130　办公会议室三定置目视管理

**附件3**

# Q/ZDL

北京中电力企业管理咨询有限责任公司指导性文件

Q/ZDL/T 6S.1—2006

---

# 电力企业6S管理规范（试行）

6S management specification for the electric power enterprises

2006-01-01发布　　　　2006-06-01实施

---

**北京中电力企业管理咨询有限责任公司　发布**

# 目　次

# 前 言

为推进电力企业贯彻实施“6S管理法”，北京中电力企业管理咨询有限责任公司组织有关人员编写了《电力企业6S管理规范》，旨在帮助电力企业全面理解6S管理的内涵、要求和应用方法，并在此基础上建立6S管理体系，统一策划，协调目标，合理配置资源，加强现场管理，以促进电力企业管理水平的提升。

本规范以国际上通行的八项质量管理原则为理论基础，融合了GB/T 19001-2000《质量管理体系 要求》、GB/T 24001-2004《环境管理体系 要求及使用指南》、GB/T 28001-2000《职业健康安全管理体系 要求》、GB/T 19011-2003《质量和(或)环境管理体系审核指南》的要求，结合电力企业管理的实际编制而成，具有一定的通用性。企业可根据自身的实际情况采用本规范。

本规范起草单位：北京中电力企业管理咨询有限责任公司。

本规范主要起草人：田广春、光耀华。

本规范审核人：杨德生。

本规范批准人：虞旭清。

本规范为本公司第一次发布。

# 引 言

## 0.1 总则

本规范是为电力企业推行6S管理、评价6S管理星级企业而提供的管理标准，也可作为其他行业、企业推行6S管理的指导文件。

当前，很多电力企业正在贯彻质量、环境、职业健康安全“三标一体化管理体系”等活动，以提高企业的现代化管理水平。但是，在这些管理活动中，都需要加强基础管理，需要引入精细化管理方法。精细化管理内容繁多，其中有流程管理、6S管理、6σ管理等。日本企业创造的6S管理法已有30多年的历史，他们在改善企业脏、乱、差状态，保持现场干净整洁的工作环境，步入现代化企业管理的良性循环，起得了显著的成效。我国一些企业也曾推行过6S管理，但仍不规范，或不能坚持。

本规范就电力企业推行6S管理的方法、步骤、检查、考核、审核、评星作了详细阐述，形成一套完整的6S管理机制。

## 0.2 6S管理原则

6S管理原则就是在日本丰田汽车公司提出的“整理、整顿、清扫、清洁、素养”五个S的基础上，又增加一个“安全”的理念，该理念旨在规范工作岗位和作业现场，改善作业现场的物质环境及员工的思维，从而控制现场的生产过程，保证产品质量，满足顾客要求。

## 0.3 八项质量管理原则

八项质量管理原则是GB/T 19000族标准的理论基础，也是GB/T 24000系列标准、GB/T 28001标准的理论基础，将八项质量管理原则融入到6S管理体系中，使体系具有鲜明的科学性和系统性，表现在：

### 0.3.1 以顾客为关注焦点

组织依存于顾客。因此，组织应当理解顾客当前和未来的需求，满足顾客要求以争取超越顾客期望。

### 0.3.2 领导作用

领导者建立组织统一的宗旨和方向。他们应当创造并保持使员工充分参与实现组织目标的内部环境。

### 0.3.3 全员参与

各级人员是组织之本，只有他们的充分参与，才能使他们的才干为组织带来收益。

#### 0.3.4 过程方法

将活动和相关的资源作为过程进行管理，可以更高效地得到期望的结果。

#### 0.3.5 管理的系统方法

将相互关联的过程作为系统加以识别、理解和管理，有助于组织提高实现目标的效率和有效性。

#### 0.3.6 持续改进

持续改进整体业绩应当是组织的一个永恒的目标。

#### 0.3.7 基于事实的决策方法

有效决策是建立在数据和信息分析的基础上。

#### 0.3.8 互利的供方关系

组织与供方是相互依存的，互利的供方关系可增强双方创造价值的能力。

### 0.4 PDCA 原则

PDCA可适用于6S管理所有过程。PDCA方法可简述如下：

P——策划：根据顾客、员工、社会和其他相关方的要求和组织的方针，为提供结果建立必要的目标和过程。

D——实施：实施过程。

C——检查：根据方针、目标和产品要求，对过程和产品进行监视和测量，并报告结果。

A——处置：采取措施，以持续改进过程业绩。

# 北京中电力企业管理咨询有限责任公司

## 电力企业6S管理规范(试行)

## 1 范围

本规范适用于电力行业各类组织,包括发电、输变电、供电、调度、检修、试验、营业服务、电力建设、修造等作业现场,推行6S管理法,指导组织提升企业管理整体绩效和能力。同时,作为组织自我检查、考核和外部(第三方)对组织审核、评星的依据。

## 2 规范性引用文件

下列文件中的条款通过本规范的引用而成为本规范的条款。凡是注日期的引用文件,其随后所有的修改单(不包括勘误的内容)或修订版均不适用于本规范,然而,鼓励根据本规范达成协议的各方研究是否可使用这些文件的最新版本。凡是不注日期的引用文件,其最新版本适用于本规范。

GB/T 19000—2000 《质量管理体系 基础和术语》

GB/T 19001—2000 《质量管理体系 要求》

GB/T 24001—2004 《环境管理体系 要求及使用指南》

GB/T 28001—2001 《职业健康安全管理体系 规范》

GB/T 19011—2003 《质量和(或)环境管理体系审核指南》

GB/T 19580—2004 《卓越绩效评价准则》

## 3 术语和定义

### 3.1 6S管理法

6S就是整理、整顿、清扫、清洁、素养、安全。这六个词的第一个日语以希腊文发音都是S打头,所以称之为“6S”。6S管理法就是在作业现场推行整理、整顿、清扫、清洁、素养、安全的一整套方法。

### 3.2 整理

明确区分需要的和不需要的东西,在作业现场不放置与工作无关的物品。

### 3.3 整顿

使所需物品始终处于需用时能够高效地可取和放回状态。

### 3.4 清扫

在整顿后全面打扫，使生产现场始终处于无垃圾、灰尘的整洁状态。

### 3.5 清洁

经常进行整理、整顿和清扫，始终保持清洁的状态。

### 3.6 素养

正确执行企业的规定和规则，养成良好的习惯。

### 3.7 安全

养成良好的安全防范意识，识别和预防危险源，减少和杜绝事故和人身伤亡事件的发生，达到安全零风险的控制目标。

### 3.8 组织

具有自身职能和行政管理的公司、集团公司、商行、企事业单位、政府机构或社团，或是上述单位的部分或结合体，无论其是否是法人团体、公营或私营。

注：电力行业的组织是指发电公司、电网公司下属的电厂、供电公司等企业。

### 3.9 现场

生产运行、加工、检修、服务等作业具有增值效率的场所。如办公室、厂房、车间、仓库、试验室、车队、食堂等工作区以及公共活动区。

### 3.10 顾客

接受产品的组织或个人。

注：电力企业的顾客（或称客户）依据电能生产和服务的供应链而定。例如，电厂的顾客是电网公司，供电公司的顾客是受电用户。

### 3.11 过程

一组将输入转化为输出的相互关联或相互作用的活动。

### 3.12 审核

为获得审核证据并对其进行客观的评价，以确定满足审核准则的程度所进行的系统的、独立的并形成文件的过程。

注：本规范中的审核是指外部（第三方）对组织的审核。

### 3.13 审核准则

一组方针、程序或要求。

注：审核准则是用于与审核证据进行比较的依据。

### 3.14 审核发现

将收集到的审核证据对照审核准则进行评价的结果。

注：审核发现能表明符合或不符合审核准则，或指出改进的机会。

# 4 6S管理的策划

## 4.1 建立6S管理体系

为实施6S管理所需的组织结构、程序、过程和资源就是6S管理体系的全部内容。

组织推进6S管理，可参照本规范提出的原则、方法和步骤，结合企业自身的实际，建立6S管理体系，形成文件，加以实施和保持，并持续改进其有效性。

企业6S管理体系也可与企业已经建立（或正在建立）的质量/环境/职业健康安全管理体系整合一起，而不必单独建立。

## 4.2 组织领导

组织应成立由最高管理者领导的“6S领导小组”，最高管理者授权一名管理者代表，主管推行6S管理工作。公司设“6S推进办公室”，部门设6S监督员岗位，形成三级管理及监控机制。

## 4.3 管理方针、目标

最高管理者主持制订企业的6S管理方针和目标，方针应表明组织推行6S管理的宗旨以及持续改进的承诺。目标是实施6S管理所要达到的总要求，可分年度目标和月度目标。公司目标应分解到部门和班组，组织实施。

## 4.4 推进计划

组织应制订年度6S工作计划，它应与组织的生产计划协调一致，也与其他管理工作协调一致。6S工作计划的主要内容有：

a）推进6S的必要性（背景情况）；

b）公司的任务要求；

c）推进6S的年度目标、长远目标；

d）组织结构设置；

e）培训工作安排；

f）文件编写；

g）资源配置；

h）安排在示范区进行6S试点工作；

i）全面推进6S的时机；

j）检查、考核、审核、奖惩；

k）6S推进日程表。

## 4.5 管理职责

### 4.5.1 最高管理者

最高管理者按照6S管理理念，结合组织经营总方针、目标，策划推行6S管理工作。制订6S方针目标，领导公司6S管理领导小组，提供资源。

### 4.5.2 6S管理者代表

主管推进6S管理工作。安排计划，部门间协调，组织6S检查、考核、改善、审核及评星等事宜。

### 4.5.3 6S管理领导小组

由高层管理者和部分中层（部门）负责人组成。定期开会，研究组织的6S管理有关事宜，作出决策，付诸实施。

### 4.5.4 6S管理推进办公室

是组织6S管理的常设机构，负责管理6S日常事务。包括协助领导小组进行策划，制订年度计划，选择6S监督员，组织培训，安排6S检查、考核、改善、评奖、授牌、成果发布会等事务。

### 4.5.5 6S督导员

6S督导员是从各部门或班组中选拔出来的骨干人员，经过6S知识培训，获得督导员资格。其主要职责是协助本部门进行6S管理，监督班组的6S活动是否执行公司制订的规则和计划，参与公司组织的6S检查、考核工作。

### 4.5.6 各部门

贯彻执行组织的6S方针目标，按照公司的布署，在本部门组织推进6S管理工作。遵守各项规章制度，安排各班组进行现场整理、整顿、清扫、清洁、素养和安全的工作时间、次序，组织日常检查、维护、改善和维持。

## 4.6 资源提供

为实施6S管理，组织应提供必要的资源。包括人力资源、财务资源、技术资源、设备设施、工器具等。应确保资源的可用性和可靠性。

## 4.7 教育培训

为实施6S管理，组织应对企业的全员进行6S基本知识普及教育。对各级管理者、6S监督员以及班组长进行6S专门知识培训。6S监督员通过培训，获得资格才能上岗。

## 4.8 文件和记录

由于6S管理内容较细，组织应单独编制《6S管理手册》，手册描述6S管理的方针、目标，整理、整顿、清扫、清洁、素养、安全等管理过程的具体作法、程序和步骤，以及检查、考核、审核的要求。如果某些6S过程要求不能在手册中详述，还应编制必要的作业指导书。

6S管理在策划、实施、检查、考核、改善、审核、评星时，都应保持相应的记录，在体系文件中规定记录的格式和要求。

# 5 6S管理实施

## 5.1 识别6S要素

6S就是整理、整顿、清扫、清洁、素养、安全六大过程的简称。每个过程冠以S带头加上编号就称之为“要素”，每个要素下分四个子要素，顺序排列如下：

| S1 整理<br>S1.1 区分需要和不需要的物品<br>S1.2 区分出使用频率高和数量大的物品<br>S1.3 将不需要和呆滞的物品清除出去<br>S1.4 最大限度地发挥场地作用 |
|---|
| S2 整顿<br>S2.1 整理分类标识<br>S2.2 合理定位放置<br>S2.3 确定适宜数量<br>S2.4 物品易存易放 |
| S3 清扫<br>S3.1 地面墙面桌面门窗清扫<br>S3.2 设备物品外观内部清扫<br>S3.3 屋内屋外“死角”清扫<br>S3.4 污染源彻底清除 |
| S4 清洁<br>S4.1 地面桌面柜面的清洁状态<br>S4.2 设备文件工具的整齐清洁状态<br>S4.3 屋内明亮及可视化程度<br>S4.4 公共场所宽敞干净宜人 |
| S5 素养<br>S5.1 仪表仪容<br>S5.2 行为准则<br>S5.3 遵纪守法<br>S5.4 执行规章 |
| S6 安全<br>S6.1 安全意识<br>S6.2 遵章守规<br>S6.3 预防预控<br>S6.4 事故频率 |

## 5.2 6S管理过程控制

### 5.2.1 公共区6S管理

包括室外、室内公共区，如墙面、门窗、楼道、卫生间等。

a）室外公共区指建筑设施、操场、路面、绿化地、照明灯具、线杆、花卉、公共卫生区、宣传栏及广告牌、标语、堆积物、停车场等，应是整齐、洁净、幽雅、完善、安全可靠，各种警示标识清楚、定置管理有序。

b）室内公用区、楼道、楼梯、接待区、会议室、宣教室、展览室、阅览室、卫生间、公用设施、消防设施、电子设施、照明灯具、花卉、宣传栏、标语等，应是整齐、洁净、幽雅、完善、安全可靠、有效，各种警示标识清楚、定置管理有序。

c）走道（楼梯）及地面无垃圾、无杂物、无污物；保持清洁、干净、无破损、卫生用具定位摆放、及时清理。

d）墙面保持干净，无污垢、无附着杂物，墙身不挂无用物，墙体损坏应及时报修。

e）墙面贴挂物保持整齐美观，空调器上无杂物、无摆放物并保持干净，墙上的挂钟应准时并保持干净。

f）天花板没有剥落、无吊着杂物，办公室及工作区没有蜘蛛网。

g）电梯保持安全、可靠、完好状态。电梯内墙面、地面、控制面板、电话保持清洁，电梯安全合格证应在有效期内，定期检修与维修，检修应有标识，电梯操作控制灵敏、准确、安全保护装置有效，报警电话畅通，责任人明确。

h）窗户玻璃、门窗、窗帘保持明亮干净无破损，窗台上无堆放杂物。

i）门窗上禁贴无关纸片（如旧封条、通知等），部门需有门牌标识并保持清洁。

j）花盆摆放美观，定位放置，定期浇水、施肥，叶子保持干净鲜活、不干枯，花盆钵体与周边的窗台上、地面上无泥土、污垢或落叶。

k）卫生间地面无积灰、积水、烟头、纸屑，无卫生死角。

l）便池内无污渍异味，水池内无杂物污渍。

### 5.2.2 办公区6S管理

包括办公室、办公设备、办公用具、清洁用品等。

a）桌面物品按定置图摆放整齐有序。桌面保持整洁，放置的文件资料是当日要用的物品。桌面上的小文件架、资料柜内放置的是常用的文件资料，文件资料分类摆放，标识清楚易于查找。

b）办公桌抽屉内物品摆设整齐，物品放置不超出2/3抽屉高度，桌下不堆放杂物。

c) 办公桌玻璃台板下不放与工作无关的画片、照片，办公桌面不放当日不使用的资料、文件等。

d) 办公桌椅定位摆放，桌椅及椅垫干净整洁。

e) 员工下班或长时间离开工作岗位时，办公桌物品应适当整理。

f) 办公室内不宜放置过多纸张。

g) 电脑电话报架等各类办公设备用品按定置图摆放，电脑扎线整齐、美观、方便清扫并保持整洁，盖布干净，不使用时整齐叠放。

h) 各类办公设备用品须干净保持正常状态，严格按办公室设备操作说明操作，确保设备人身的安全。

i) 空调、电脑、复印机、传真机、碎纸机、风扇、报架等摆放有序干净，保持正常状态，并有明确责任人。

j) 清洁用品的摆放应满足"三定"（定位、定量、定人）原则，按定置图摆放。

k) 扫帚、抹布、拖布、簸箕、废纸篓应干净、整齐摆放并及时清理。拖把使用后应清洗干净并悬挂于指定位置。

l) 洗手池应保持干净无污垢，周边用品简洁，定位摆放。扫帚抹布应干净整齐摆放于指定位置。

m) 各类办公设备应由其所在区域责任人负责日常维护清扫。

### 5.2.3 电器设施6S管理

包括电线、开关、变压器、消防设施等。

a) 照明灯、饮水机、电器设施状态完好并保持干净；电器插座开关保持完整干净，无安全隐患；人走关灯节约能源。

b) 电源线、电话线、计算机联网线等布线合理、规范、整齐美观，方便清扫并保持干净，工作结束后断掉电源。严格按要求对电器设施进行管理。

c) 消防器材及消防通道保持畅通、清洁。消防器材保持良好状态，并应在有效期内。消防器材按定位摆放，干净整齐，不准随意挪动、挤占、遮挡。消防器材和消防栓完好无损，责任人明确。

d) 电器开关插座处于安全状态，有明确责任人。

e) 消防栓应能随时出水，以备救火急需。

### 5.2.4 厂房6S管理

包括发电、变电、配电、调度的作业间、控制室等。

a) 厂房实行"三定"管理，各类设备、设施、物品摆放整齐、有序，无污染源，有安全预防机制，有作业指导书，无违章作业情况。

b）作业文件及记录保管良好，使用方便可取，30秒内迅速找到。

c）安全防护设施可靠，视觉标识清晰可见，一目了然。

d）坚持班前训导，班后交接清楚，不遗留问题。

e）厂房内环境优良，空气新鲜，工作舒适。

f）作业工具放置整齐有序，实行可视化管理，30秒内取放迅速方便，工作效率高，安全可靠。

g）工作现场保持清洁、无油污，垃圾物随时清理掉，必要时可设垃圾桶或垃圾袋。

h）工作中所使用的仪器、仪表、检修设备、工器具、材料应按工作垫定置摆放，标识清晰，使用完毕立即放回原处。

i）现场的合格品与不合格品分开摆放，有明显标识。

j）检修施工中需要设临时遮栏及安全警示标识，应按有关规定执行。

k）作业现场实行定置看板管理，作业人员休息点应设在距作业点5~10米处。

l）检修期间运输及作业车辆应停放在指定位置，不经现场负责人同意，不得随意开动或停放。

m）锅炉，蒸汽涡轮机，发电机，监控室，主变压器，刀闸开关，互感器，一、二次保护屏，消防器材等设立安全警示标识、看板管理。安全通道区或护栏应整洁、完好、灵活、安全可靠。

n）厂区做好危险点分析，有针对性的采取安全防范措施。

### 5.2.5　车间6S管理

包括机修、木工、钢筋、混凝土、施工准备车间。

a）车间设备、仪器、仪表应按作业规程进行维护保养，保质保量、干净、整洁、无破损。

b）主要检验仪器、仪表应校验合格，责任人明确；无超期，校验标签完好、字迹清楚、无破损。

c）个人工具要齐全、合格，按工作内容准备工器具及设备、材料的数量。

d）检修设备有严格的操作规程，责任人明确；检修设备、工器具表面完好、清洁、无油污。

e）检修用的车辆，如吊车、斗臂车等，在检修现场使用时必须有专人指挥。

f）按有关规定作好检修记录。

g）工程所用材料、设备，在现场应按定置图摆放整齐，并有标识。对于防水、防晒等有特殊要求的材料、设备，应及时搭建好必要的防护棚，专人看管。

h)现场所用安全工器具，按定置图合理摆放，并有标识，设专人看管。

i)教育现场施工人员树立良好的形象，做到文明用语、礼貌待人、文明施工。

j)及时清理现场中的废料和垃圾，做到当天的现场当天清。

k)做好工程中的废旧物资的回收工作，废旧物资的堆放必须在指定的位置，并有标识；同时将回收的废旧物资登记造册，办理好相应的交接手续。

l)车间要做好危险点分析，有针对性地采取安全防范措施。

m)施工安全监察人员必须按时巡查到位，及时纠正施工现场的不安全作业行为。

n)工程监理人员做好重要工序衔接点的旁站监理，确保工程质量。

o)施工单位应严格按设计图施工，不得随意更改设计内容。

p)认真办理好施工现场的中间检查验收记录，隐蔽工程的检查验收记录，以及工程签证单。

### 5.2.6 仓库6S管理

包括物资验收、物资存放、出库手续、管理员职责、汽车库房等。

a)仓库库房管理实行专职专责、三定管理，账、物、卡相符、视觉标识清楚、先进先出、优化库存管理、供货及时、确保质量安全可靠。

b)物资到货，确定货位，合理存放，避免二次倒运，节约人力、财力。

c)详细核对到货凭证，查看外观有无破损，经过验收方能入库。验收工作由保管员、物资采购员两人负责办理，做好数量清点和质量检验。

d)物资验收，以收料单为依据，及时、准确地检验物资的型号、规格、数量、质量和产品合格证、说明书等资料。

e)小批量零星采购物资要当日验收、入库，四号定位，五五摆放。

f)批量大、品种规格多的物资要在三日内完成验收及摆放工作。

g)大宗物资到货，在七日内进行验收，并完成摆放工作。

h)仓库保管员与物资员对大型电力器材设备质量检验时，应请有关部门共同检验，填写开箱验收记录。

i)物资验收过程中发现数量短缺、盈余、损坏、质量等问题，保管员要及时填写到货验收登记单，报请有关人员联系处理，属于制度规定内的运输损耗，半年填写一次报损、报废表或盘盈、盘亏表，报主管领导核准后，入账核销。

j)物资出库按领料制度规定认真审查领料手续，对不符合规定的料单及内容填写不全、不清、规格不符，审批手续不全、资金不到位者不发料。

k)未经验收入库的物资不准发放，如特殊需要，经主管领导批准，办理相应手续方可出库。

l) 应配套发放的设备，必须配套齐全。

m) 对专用设备或大宗物资，尽量减少中转，直供现场，方便用户。

n) 保管员对所管仓库物资实行定期盘点和永续盘点，经常保持单据、资料完整，达到账、卡、物、资金四相符。

o) 物资出库必须按门卫制度办事，以领料单、材料调拨单为合法凭证，严禁凭“白条”出库，更不准私自外借。

p) 仓库保管员对自己本库所使用的度量衡量器具配合计量部门定期检验、校正和修理，有计量部门颁发的合格证，防止由于度量衡量器具不准而产生物资盈亏。

q) 仓库保管员要熟练掌握库存资金占用情况，定期向计划统计人员报资金占用情况表，对不符合储备要求的，及时与有关人员进行调整。

r) 物资有存放平面指示图、定位标识、挂材料卡片。

s) 待验收、待处理、代保管物资设明显标识，加以区分，不能与其他物资混淆。

t) 汽车库房三定管理、视觉标识清楚，停车泊位一目了然，车况良好，安全可靠，出入库安检有记录，责任分明。

#### 5.2.7 档案资料房6S管理

包括档案室、资料架、防火、防潮设施。

a) 文件夹定位分类放置，文件资料存放在适当的文件夹（盒）内，分类标识清楚。

b) 文件资料应易于取放和查找，文件夹（盒）保持干净。

c) 档案室物品摆放整齐有序，每层做好标识，柜内物品天天清扫整理。

d) 文件柜上及柜后不堆放杂物。

e) 文件密集架按文件类别有序排列，便于检索。

f) 档案室内办公桌、文件柜保持干净清洁。

g) 公私物品分开放置，与工作无关的私人物品不得带入工作区。

h) 档案室内应有防潮、防虫蛀设施。

i) 档案室门口应放置灭火筒、消防栓。

#### 5.2.8 素养管理

包括仪容仪表、行为准则、服装、接待、语言等。

a) 讲究文明礼貌，注重仪表仪容，尊重客户、接待宾客，服务热情，积极社会公益活动，树立良好的企业形象。

b) 见面微笑点头打招呼，使用礼貌用语，如："您好"、"请"、"谢谢"、"对不起"、"抱歉"、"打扰您了"、"再见"等用语。

c) 保持微笑，目光平视客户，不左顾右盼、心不在焉。

d) 接打电话时，首先应说"您好"、"请问您是哪一位"、"请稍等"、"麻烦您找一下"等礼貌用语，如拨错电话要说"对不起"。接打电话要语调平和，简明扼要。

e) 上班时要注意仪表端庄，彬彬有礼，对人不能板着面孔不理不睬。

f) 在楼道内不要多人一起并排行走，不要勾肩搭背。

g) 进入其他部门办公室，应先轻轻敲门，听到应答再进，如室内有人，要稍等静候，无急事不能中途打断别人说话。如有急事，也要把握时机，并说"对不起，打扰一下可以吗？"

h) 走廊里不能大声说话、叫喊，在走廊里遇到领导或客人要礼让，不能抢行。

i) 来访客人应请进让座，等客人落座后自己方可坐下，或等客人坐下后以茶水相待。接待客人要谈吐大方，不卑不亢。客人离去时应相送或握手告别。

j) 与长者、领导握手，应等他们先伸手。男士与女士握手需待女士先伸手。

k) 互换名片递出时，应先递给长辈或上级，应把文字向着对方，双手拿出。接对方名片时，要双手去接。

l) 办公室内外举止文明，不大声喧哗，不说粗话、脏话，同事间不争吵，相互尊重。

m) 不在办公区内乱扔纸屑、烟头、杂物，不随地吐痰。

n) 准时参加会议，不中途退会。会议中不交头结耳、高声说话或打瞌睡。会议结束离去时，主动将桌椅及其他用具归位整理好。

o) 员工应模范地执行国家的各项法律、法规；执行工作规范和技术标准。

p) 严格执行企业的各项规章制度，劳动纪律和岗位规范。

q) 遵守作息时间，不迟到、不早退，工作时间不打私人电话，不擅自离岗、串岗、不聊天，不做与工作无关的事情。

r) 廉洁自律，秉公办事，不以电谋私，不吃、拿、卡、要，不损害客户利益。

s) 自觉接受客户的监督检查。

t) 头发梳理整齐，不戴夸张的饰物。

u) 工作时精神饱满，注意力集中，无疲劳状、忧郁状和不满状。

v）上班服装应干净整洁，穿着整齐，大方得体。服装应存放于规定位置，不能披在椅子上。工作服、帽干净整齐无破损。

w）工作时按规定穿戴好安全帽等劳动保护用品，确保安全。

x）禁止上班时间穿背心、短裤、拖鞋进入工作区。

# 6 检查与审核

## 6.1 内部检查

### 6.1.1 策划检查的时机

每年年初，组织进行一次管理体系审核的总体策划，其内容包括一年内管理体系内部审核、6S审核、认证机构外审等各种审核的频次、时间、目的、组织工作和资源配置等。通过策划，把各项审核工作协调起来，才能取得最佳效果。

6S管理的内部检查是分级进行的。班组每天进行自查，发现问题，随时改正。部门检查，每月一次，由部门自行选定日期。公司的集中检查，每半年（或每季）一次，也可与企业的质量、环境、职业健康安全一体化管理体系的内部审核结合进行。如有必要，6S检查也可增加频次。

### 6.1.2 确定检查的范围

企业内部6S管理活动的检查范围，涉及企业管辖的所有部门、所有场所、所有设备设施，包括办公室、厂房、运行、检修、车间、仓库、油库、泵房、烟囱、管道、灰场、客户服务中心、营业大厅、食堂、试验室、车队等，也包括外出的作业机构和人员。

### 6.1.3 检查前的准备

公司6S管理的检查，一般安排在每年的4月和11月，每次2~3天，每次检查前编制检查计划和检查表。检查表是检查员进行检查的工具，也是6S管理的主要原始资料。

6S管理活动检查的要素有六大项，即整理、整顿、清扫、清洁、素养、安全。检查表中每一要素分列若干典型活动及具体检查内容。

### 6.1.4 成立检查小组

部门检查，由部门负责人加1~2名6S监督员组成一个检查小组，到本部门下属的班组、工作现场进行检查。

公司的检查，由公司管理者代表或6S推进办公室组织，在各部门抽出监督员组成若干检查组，分别对各部门进行6S管理活动的检查。

参与检查的人员应经过质量、环境、职业健康安全管理体系培训和6S管理的专门培训，具备一定的知识，获得内审员资格，由公司授权。但检查人员不得检查本部门、本班组，以确保6S管理检查工作的独立性和公正性。

### 6.1.5 实施现场检查

公司6S管理活动的检查采用简捷、务实的方式进行，不召开首末次会议。检查前，检查组开一次碰头会，明确检查计划和分工，然后即分组进入受检部门、班组进行检查。对照检查表收集6S活动的客观证据。检查的方法有面谈、提问、查阅文件、记录，并到现场观察，做好检查记录。

### 6.1.6 公布检查结果

公司组织的现场检查结束后，检查组整理检查记录并进行分析，对照检查准则进行评价，以书面形式公布检查结果。对于不能满足"6S管理手册"或检查准则有关要求的问题，以汇总表的方式开出"不符合通知单"，要求责任部门进行整改。公司6S推进办公室保留检查记录。

部门和班组的6S检查，发现问题，即时沟通解决，不再填写不符合通知单，保留检查记录即可。

## 6.2 外部审核

### 6.2.1 外部审核性质

外部审核是第三方（认证机构或咨询机构）或第二方（顾客）对企业进行的6S管理审核，这种审核是审核方与受审核方（企业）的合同约定，由审核方组织审核组，对企业进行现场监督审核。根据6S各项要素的打分，评定企业6S管理的星级，授予铭牌和证书。外部审核每年进行一次，每次3天。

外部审核方法按GB/T 19011—2003《质量和（或）环境管理体系审核指南》的要求进行。

### 6.2.2 策划审核方案

由审核方与受审核方商讨每一年度的审核方案。审核方案指在一定间隔时间内的审核频次、组织和实施审核所必要的活动。审核方案可以审核计划形式输出，审核计划包括审核目的、范围、准则、审核组人员和审核日程地点的安排等。审核方案由审核方形成文件，并提前通知受审核方。

### 6.2.3 确立审核原则

审核方在外部审核过程中建立如下审核原则：

a）坚持审核工作的独立性和公正性；

b）审核结论基于客观证据；

c）审核员具备相应的审核能力，诚实、正直、保守秘密。

### 6.2.4 设计审核流程

6S管理外部审核流程见图1。

### 6.2.5 确定审核目的

6S管理外部审核的目的是检查企业6S管理活动与“规范”和“6S管理手册”的符合性和实施的有效性，评价6S管理对企业实现方针目标的作用，根据审核结果寻求6S管理体系需要改进的环节。

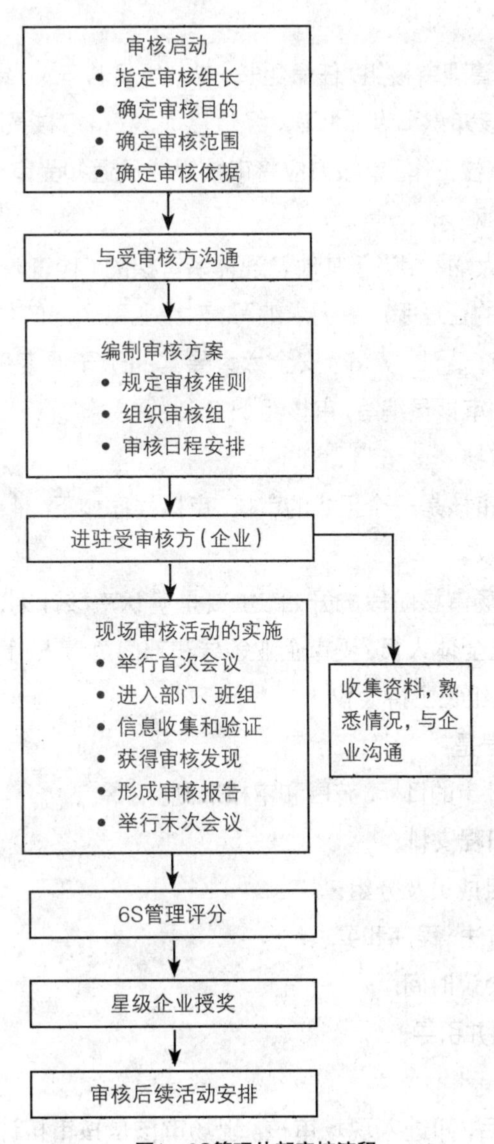


图1 6S管理外部审核流程

### 6.2.6 确定审核范围

指审核活动所覆盖的内容和界限。即审核活动所涉及的实际位置、区域、组织单元、场所、过程以及作业所需的时间。

### 6.2.7 规定审核准则

审核准则是评价6S管理符合性和有效性的依据。审核准则包括企业6S管理方针目标、管理手册、程序文件、作业指导书、适用的法律法规和技术标准。审核准则在审核方案中予以规定。

### 6.2.8 组成审核组

审核方组织6S管理审核组，任命组长一人，组员若干人。审核组长和审核员均应具备一定的审核知识和专业知识，经过培训，获得审核员资格。组长编制审核方案，组织现场审核工作。审核方应将审核组成员通知受审核方。

### 6.2.9 制订审核大纲

6S管理"审核大纲"相当于其他管理体系审核的"检查表"。审核大纲依据6S审核规范和企业的管理手册的要求编写。对企业每个部门（或班组）的审核，按整理、整顿、清扫、清洁、素养、安全六大要素24个子要素列出需要检查的具体内容。审核大纲由审核员编写，审核组长审定。

### 6.2.10 实施现场审核

6S管理的外部审核是一个正式的审核，审核程序如下：

a）举行首次会议。

首次会议是现场审核阶段的开始。主要是确认审核计划，审核组与受审核部门沟通，由审核组全体人员，受审企业领导和部门负责人、管理者代表和其他有关人员参加，审核组长主持会议。

首次会议的议程是：

——确认本次外审的目标、范围和审核准则；

——介绍审核日程安排；

——介绍审核组成员及分组；

——明确审核方法、程序和要求；

——确认末次会议时间；

——与向导见面并引导；

b）信息收集。

首次会议结束后，即进入现场审核。现场审核是按审核计划由审核员按准备好的审核大纲进行检查，这是一个寻找客观证据的过程，审核员作好记录。

信息收集的方法有面谈、查阅文件、记录、现场观察，这几种方法可以并行或交替使用，目的是获取更多的客观证据。如果提供观察的样本较多，可以随机抽样，但抽样应适度均衡，并且有一定的数量。

c）举行末次会议。

现场审核结束后，召开末次会议，由审核组长主持，到会人员与首次会议相同。末次会议的程序是：

——感谢受审核方对审核工作的支持与配合；

——重申审核目标、范围、准则；

——报告审核过程；

——宣布不符合项通知单，应逐条宣读；

——询问受审核部门有否需要澄清之处；

——说明抽样审核的局限性；

——对本次审核工作进行总结，对组织的6S管理体系运行有效性进行评价并提出审核结论；

——提出采取纠正措施的要求；

——请组织的最高管理者讲话。

### 6.2.11 审核发现

审核员通过现场调查，获取了大量的审核证据，将这些客观证据与审核准则进行比较并评价，得出“审核发现”，审核发现有符合审核准则的，即符合项，要予以总结肯定。也有不符合审核准则的，对这样的审核发现可确定为不符合项，开出“不符合通知单”。“不符合通知单”由管理者代表签字认可，交责任部门进行整改。

### 6.2.12 提出审核报告

审核结束后由审核组长编写审核报告，全部审核结果反映在审核报告中。审核报告的主要内容有：

——审核目的；

——审核范围；

——审核准则（审核所依据的标准/文件）；

——审核组成员；

——审核日期、地点及审核过程简述；

——审核意见及不符合项分布；

——6S管理体系运行有效性的评价；

——审核结论及整改意见。

审核报告由审核组长签署后，交受审核方。

#### 6.2.13 审核的后续活动

审核的后续活动主要有，受审核方责令责任部门对不符合项进行原因分析，采取纠正措施并进行验证。审核方与受审核方沟通后商定一个合适的时间进行现场复核验证，也可以在下一年度的监督审核中复核验证，经验证认为符合要求，审核员签署，关闭此不合格项。

## 7 评定6S管理星级企业

### 7.1 评分

6S要素评分总分值定为300分，其中整理、整顿、清扫、清洁、素养、安全六个要素各40分。此外，从整个企业考虑，开展6S活动，组织领导和管理职能亦发挥重要作用，因此，另列两个要素，即组织领导40分，管理职能20分。见表1。





表1 6S要素评分表

| 要素号 | 要素（过程） | 子要素号 | 子要素名称 | 含义延伸 | 标准分（B） | 实得分（D） |
|---|---|---|---|---|---|---|
| S1 | 整理（40） | S1.1 | 区分需要和不需要的物品 | 轻重缓急 | 10 | |
| | | S1.2 | 区分出使用频率高和数量大的物品 | 数量分析 | 10 | |
| | | S1.3 | 将不需要和呆滞的物品清除出去 | 除废除怪 | 10 | |
| | | S1.4 | 最大限度地发挥场地作用 | 腾出空间 | 10 | |
| S2 | 整顿（40） | S2.1 | 整理分类标识 | 条理清晰 | 10 | |
| | | S2.2 | 合理定位放置 | 易于区分 | 10 | |
| | | S2.3 | 确定适宜数量 | 尽量少放 | 10 | |
| | | S2.4 | 物品易存易放 | 便捷灵活 | 10 | |
| S3 | 清扫（40） | S3.1 | 地面墙面桌面门窗清扫 | 外面光洁 | 10 | |
| | | S3.2 | 设备物品外观内部清扫 | 维护保养 | 10 | |
| | | S3.3 | 屋内屋外“死角”清扫 | 易于忽略 | 10 | |
| | | S3.4 | 污染源彻底清除 | 保护环境 | 10 | |

续表

| 要素号 | 要素（过程） | 子要素号 | 子要素名称 | 含义延伸 | 标准分（B） | 实得分（D） |
|---|---|---|---|---|---|---|
| S4 | 清洁（40） | S4.1 | 地面桌面柜面的清洁状态 | 维持坚持 | 10 | |
| | | S4.2 | 设备文件工具的整齐清洁状态 | 维持坚持 | 10 | |
| | | S4.3 | 屋内明亮及可视化程度 | 一目了然 | 10 | |
| | | S4.4 | 公共场所宽敞干净宜人 | 环境优美 | 10 | |
| S5 | 素养（40） | S5.1 | 仪表仪容 | 待人接物 | 10 | |
| | | S5.2 | 行为准则 | 自律自强 | 10 | |
| | | S5.3 | 遵纪守法 | 公德表率 | 10 | |
| | | S5.4 | 执行规章 | 勤奋工作 | 10 | |
| S6 | 安全（40） | S6.1 | 安全意识 | 教育培训 | 10 | |
| | | S6.2 | 遵章守规 | 自我保护 | 10 | |
| | | S6.3 | 预防预控 | 风险控制 | 10 | |
| | | S6.4 | 事故频率 | 无重大事故 | 10 | |
| S7 | 组织领导（40） | S7.1 | 管理职责 | 制度执行 | 10 | |
| | | S7.2 | 产品服务 | 目标完成 | 10 | |
| | | S7.3 | 外部反馈 | 企业形象 | 10 | |
| | | S7.4 | 企业绩效 | 持续改进 | 10 | |
| S8 | 职能管理（20） | S8.1 | 文件记录 | 管理有序 | 10 | |
| | | S8.2 | 教育培训 | 人员素质 | 10 | |

## 7.2 授奖

6S管理星级企业分为五个等级，五星级最高，按总符合率依次排列（见表2）。

总符合率的计算方法：

总符合率$F$=（评审实得分总和/标准分总和）×100%=（∑D/300）×100%

表2　　　　　　　　6S管理星级企业定级标准

| 总符合率(%) | 6S管理体系评价 | 企业星级 |
|---|---|---|
| >90 | 完全符合 | 五星级 |
| 90~85 | 大部分符合，局部有待提高 | 四星级 |
| 85~80 | 基本符合，局部有待改进 | 三星级 |
| 80~75 | 基本符合，部分有待改进 | 二星级 |
| 75~70 | 基本符合，需改进的地方较多 | 一星级 |
| 70以下 | 不合格 | |

按表4的标准对企业的6S管理进行评定，确定星级，由评定机构授予奖牌和证书。

6S管理星级企业评定每年一次，与外部监督审核同时进行。经过检查、验证、评分，依据实得分值，由审核方作出维持、升、降企业星级的决定，并重新授牌。





## 8　持续改进

电力企业领导要从战略角度策划如何持续改进本企业6S管理的业绩，为此：

a）把持续改进作为一种管理理念、价值观和6S管理体系中必不可少的要求，融合在生产、管理各项工作中；

b）寻求改进的机会，对外界环境、市场的变化作出快速灵活的反应；

c）持续改进的范围包括改进6S管理过程，改变工作方法，改进工具，改善检查机制，完善体系；

d）组织可通过制定适宜的、有前瞻性、激励性的方针目标，明确改进方向；

e）组织可通过内部检查、外部审核发现问题，寻找改进点，提出改进要求；

f）对检查、审核中发现的不合格者采取纠正或预防措施，防止不合格的再发生，本身就是持续改进；

g）建立持续改进的机制，创造改进的环境，促进持续改进成为不断循环的过程，从而不断提高企业的整体绩效。

# 9 管理流程图

6S管理策划
建立6S管理体系
组织领导
方针目标
文件资料
教育培训
资源提供
推进计划
策划
6S管理实施
识别6S要素
6S管理过程控制
实施
检查与审核
内部检查
外部审核
检查
6S管理星级评定
授奖
持续改进
改进

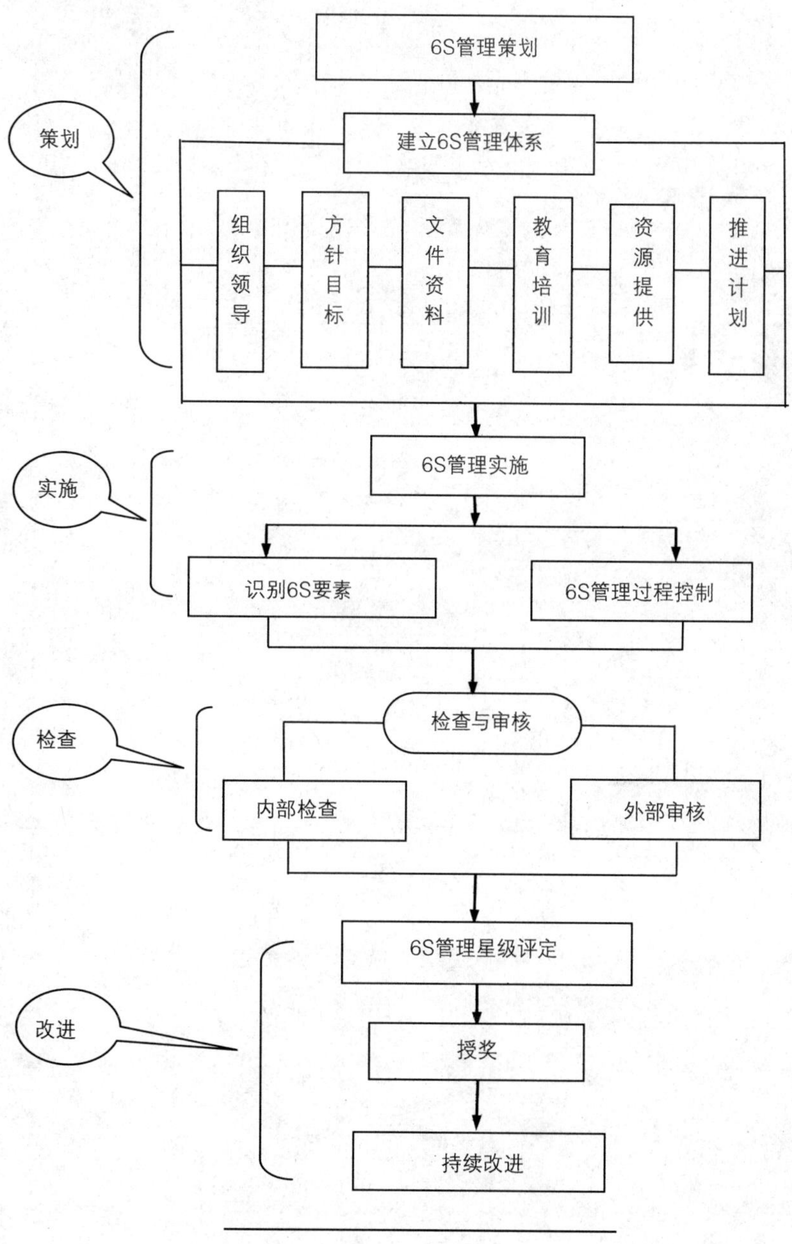